● 福建省社会科学基金项目（批准号：FJ2021B119）

News Coverage of Fujian Soft Power by Chinese News Outlets in Singapore and Malaysia

新马华文新闻出版与福建软实力

王昌松　著

图书在版编目(CIP)数据

新马华文新闻出版与福建软实力 / 王昌松著.
厦门：厦门大学出版社，2024.6. -- ISBN 978-7-5615-9429-2

Ⅰ. G127.57-53

中国国家版本馆 CIP 数据核字第 2024FU8451 号

责任编辑	刘　璐
美术编辑	张雨秋
技术编辑	朱　楷

出版发行　厦门大学出版社
社　　址　厦门市软件园二期望海路 39 号
邮政编码　361008
总　　机　0592-2181111　0592-2181406(传真)
营销中心　0592-2184458　0592-2181365
网　　址　http://www.xmupress.com
邮　　箱　xmup@xmupress.com
印　　刷　厦门市明亮彩印有限公司

开本　720 mm×1 000 mm　1/16
印张　8
插页　2
字数　144 千字
版次　2024 年 6 月第 1 版
印次　2024 年 6 月第 1 次印刷
定价　48.00 元

本书如有印装质量问题请直接寄承印厂调换

目　录

绪　论 ··· 001

第一章　新加坡、马来西亚与中国福建省的历史渊源 ············ 004
　第一节　福建省与南洋地区的历史联系 ························· 004
　第二节　新加坡、马来西亚华裔的文化身份 ··················· 006
　第三节　新加坡、马来西亚华人社群与福建省的互动 ········ 008

第二章　新加坡、马来西亚华文新闻出版史简介 ················ 011
　第一节　新加坡、马来西亚华文新闻出版的发展历程 ········ 011
　第二节　新加坡、马来西亚华文新闻出版的意义和影响 ····· 014

第三章　新加坡、马来西亚华文报简介 ·························· 017
　第一节　新加坡华文报 ·· 018
　第二节　马来西亚华文报 ··· 021

第四章　新加坡、马来西亚华文报有关福建软实力的新闻报道 ·· 032
　第一节　新马两国华文报对福建软实力报道主题 ············· 032
　第二节　新加坡华文报的热门报道主题 ························ 035
　第三节　马来西亚华文报的热门报道主题 ····················· 036

第五章　探析新加坡、马来西亚华文报有关福建软实力的新闻
　　　　报道主题 ……………………………………………… 039
　　第一节　新加坡、马来西亚福建人的中华文化传承 …………… 039
　　第二节　新加坡、马来西亚福建同乡团体的建设与发展 ……… 047

附录一　新加坡华文媒体中有关福建文化软实力的新闻报道
　　　　（含索引号）……………………………………………… 057

附录二　马来西亚华文媒体中有关福建文化软实力的新闻报道
　　　　（含索引号）……………………………………………… 078

后　　记 ……………………………………………………………… 123

绪 论

"华人"一词,一是指中国人,二是指取得所在国国籍的中国血统的外国公民。如今在新加坡和马来西亚生活的华人,其祖先主要来自粤闽,大部分是自明清往后的百年间从中国的福建、广东、广西、海南等地迁移至马来半岛,在亚洲大陆的最南端附近安身立命。从18世纪至今,华人社团、华文教育、华文报刊被新马华人社群普遍认为是传承中华文化、凝聚华人族群内部团结力量的重要工具,是华人社群的三大资产。新马华人族群普遍延续了中华文化,更扩大了中华文化与其他民族文化共生载体的影响力。从文化层面来看,多元共生的理念让新马两国各族群的民众始终保持着各自的文化认同,实现了文化宽容的动态平衡,培养了传播主体的文化自觉意识。福建籍华人在新马两国华人群体中所占比例都较高,因此新马地区的华文报刊对福建的相关报道从未停止过。

提高国家文化软实力是党和国家的一项重大战略任务。党的十九届五中全会站在党和国家事业发展的高度,从战略和全局上做了规划和设计,明确提出到2035年建成文化强国。习近平强调,提高国家文化软实力,必须努力传播当代中国价值观念。[①] 中外学者普遍认为,文化软实力概念的外延,即从国家文化软实力到区域文化软实力以及城市文化软实力的延伸。福建是全国第二大侨乡,福建籍华人数量庞大,遍布世界各地,特别是东南亚地区。历史上福建省曾有过几次大规模的"下南洋"移民潮,大批闽籍移民在南洋定居,最终塑造出东南亚独有的华人文化,当地华文报刊在传递故土文化软实力方面具有重要意义。

福建省拥有丰富的文化资源,可在社会经济发展中充分发挥文化软实力

---

① 习近平:建设社会主义文化强国 着力提高国家文化软实力[EB/OL].2013-12-31.https://www.gov.cn/ldhd/2013-12/31/content_2558147.htm.

的重要作用。一系列的研究从历史、建筑、宗教、戏曲、陶瓷、茶等角度归纳了福建拥有的对国内外具影响力的文化资源,并提出,社会主义市场经济体制下的文化产品,应当具有文化价值和经济价值双赢、经济效益与社会效益双效的价值取向,重视文化产品的深层次的本质性的审美价值和影响深广的社会价值。①②③ 一些研究从福建自身文化因素出发,强调了文化产业建设的重要意义,阐明了福建省文化产业的优势与资源动力,并批判性地探讨了相关问题。福建社会科学院课题组强调了高标准建设福州、厦门、平潭等国家服务外包示范城市,支持厦门国家文化出口基地、国家数字出口基地,以加快开拓东盟等国的服务贸易市场。④ 尽管福建与东南亚国家华裔群体的文化互动与交流频繁,但是杨宏云观察到福建方言在东南亚正面临着传承的困境,这种情况不仅导致福建文化在东南亚的影响力逐渐减弱,同时也对福建与东南亚之间的经济联系产生了不良影响。⑤

从文化软实力与新闻传播的双重角度出发,一些研究从新闻出版的历史使命,展开至多元文化对新闻出版工作产生影响的探讨,从多个层面分析新闻出版对国家软实力的影响与贡献。如杨牧青指出,进入21世纪以来,我国新闻出版在国际上逐渐崭露头角,向世界舞台发出的声音也越来越浑厚、越来越响亮,新闻出版完成对国家软实力的创新并实现搭建平台。⑥ 正是在这样的背景下,一些成功的案例也得到了关注,例如,查本恩关注到厦门市委宣传部贯彻落实习近平总书记关于外宣工作的重要讲话精神,指导《厦门日报》与马来西亚著名华文报纸《光华日报》展开合作,这样的尝试体现了对外传播的创新形式。⑦ 一方面,文化软实力的构建和提升能为新闻出版提供必要的方向和指引;另一方面,新闻出版能为国家软实力的实现搭建必要的平台。本书以福建省为主要视角,探讨文化软实力背景下地方传媒与特色文化传播的关系,客观分析了新马两国本地华文媒体在建构福建文化软实力方面的现状。

---

① 姜绍丰,杨建榕,苏峰.多彩闽茶,丝路帆远——"闽茶海丝行东南亚站"活动启示[J].中国茶叶,2017(08):4-5.
② 康海玲.中华戏曲与马来西亚华人的节日民俗[J].中国戏剧,2008(10):58-60.
③ 蔡明宏.宗教外交中的中国图像与建设——以福建民间信仰与东南亚国家的文化互动为例[J].南洋问题研究,2018(03):86-96.
④ 福建社会科学院课题组.福建与RCEP成员国经贸关系评估及其对策研究[J].亚太经济,2022(06):123-130.
⑤ 杨宏云.密切福建与东盟文化交流[J].福建理论学习,2014(08):22-25.
⑥ 杨牧青.文化视角下新闻出版对国家软实力的现实观照[J].市场研究,2017(11):6-8.
⑦ 查本恩.《厦门日报》:联手华文媒体 讲好厦门故事[J].中国记者,2016(04):122-123.

绪 论

以上两个角度的既有研究及使用的实证方法,鲜有从跨国传播的视角审视并收集我国区域文化软实力在境外华文媒体中的报道现状,尤其是东南亚国家华文媒体视野下的福建文化软实力研究是一大空白。软实力传播正体现了国际社会关系和经贸时空、机制变革等过程,由此产生了跨地理区域、虚拟区域的信息流动、文化活动、精神交往以及权力实施的传播现象,因此,在提升福建文化软实力研究范畴内,有关跨界域传播现象的研究应及时得到补充。

本书第一章介绍了福建省与南洋地区之间久远而紧密的历史纽带,聚焦于新加坡和马来西亚华裔在这个历史渊源中孕育的文化身份。这为后续对华文出版和相关新闻报道的研究提供了重要背景和语境。第二章通过回顾新加坡与马来西亚华文新闻出版的发展历程,勾勒新马华文报业自19世纪以来的经历,探析一些重要华文报发挥的影响。这一章为我们提供了全面理解新马华文新闻出版发展历程的关键线索,使我们得以洞察其演变脉络。第三章以介绍新加坡和马来西亚的华文报为起点,着重剖析了本书主要考察的华文报的历史、发展和特色。这奠定了后续对新闻报道深入分析的基础,使我们能够更全面地了解这些报刊。第四章和第五章深入研究了新加坡与马来西亚华文报对福建软实力相关新闻报道的主题,以这些报刊如何报道福建软实力、新马华人同乡团队的建设与发展等方面为重点。通过对这些主题的深入剖析,我们不仅发现了新马华文新闻出版对福建软实力的积极影响,也认识到它们在传播和弘扬福建文化方面扮演的重要角色。最后对整个研究进行了全面总结,强调了新马华文新闻出版在文化视角下对福建软实力的相关报道,以及这对促进文化传承和国际交流的巨大价值。研究表明,这些努力将为深化研究,促进新加坡、马来西亚与福建省之间的文化交流与合作发展,以及加强国际社会的互通互鉴,推动文化多样性的繁荣发展做出重要贡献。

本书旨在深度探讨新马两国华文新闻出版对福建软实力的贡献,希望通过深入分析不同主题的报道,能够启发更多的讨论和研究,进而推动文化交流和合作在新加坡、马来西亚与福建省之间继续蓬勃发展。这些努力将有助于加强国际社会的相互了解与交流,促进文化多样性的繁荣发展。在阐述新加坡与马来西亚华文报对福建软实力相关新闻报道的主题的过程中,本书不仅涵盖了2013—2022年来自新加坡与马来西亚华文报的丰富新闻案例,还通过附录以清晰的条目形式展示,方便读者参阅与检索。

第一章
新加坡、马来西亚
与中国福建省的历史渊源

"南洋"一词最早见于宋代。[①] 如今,普遍接受的"南洋"的狭义定义基本上指马来半岛及马来群岛,主要包括东南亚诸国中的马来西亚、新加坡、印度尼西亚、菲律宾、文莱等国家。[②] 自19世纪以来,大量来自中国的移民进入这些国家,随着时间的推移形成了南洋华人社会。在新加坡和马来西亚,以华人历史为主题的博物馆详细介绍了华人迁徙的历史,并展示了华人文化独特的美学、生活和传统。已有研究数据显示,新加坡华人华侨中有166万人祖籍福建,新加坡是福建第四大外资来源地;在马来西亚华人华侨中,福建人占最大比重,约有360万人。[③] 祖籍福建的华裔扎根南洋,让我们见证了福建人数百年来的拼搏轨迹,也让我们感受到福建人对传统文化的执着传承。他们在南洋这片土地上,积极参与社会建设和经济发展,为这些国家的多元文化和繁荣做出了重要贡献。他们守望着自己的文化传统,将其传承至今,为南洋华人社会增添了独特的历史价值和文化魅力。

第一节 福建省与南洋地区的历史联系

福建省与南洋地区有着悠久的历史联系,这种联系可以追溯到数百年前的海上丝绸之路,晚清是福建人大规模向海外移民的开始,也是福建人世界性

[①] 陈佳荣."南洋"新考[J].亚洲文化,1992(16):351-363.
[②] 刘俊."南洋"郁达夫:中国属性·海外形塑·他者观照[J].文学评论,2018(01):161-170.
[③] 周琳.东亚区域贸易关系的实证分析[J].内蒙古财经学院学报,2003(02):1-5.

生存体验的开始①。福建省的海岸线长,自古以来就有大量的福建人选择渡海定居,福建移民在南洋地区建立了华人社区,形成了独特的文化传承,并保留了福建方言、传统宗教和节日风俗。福建商人在南洋地区投资建设了城市基础设施,包括码头、商店、宗教场所和居住区。这些城市逐渐发展成为南洋地区的重要城市,如新加坡、槟城和雅加达,现在仍然是南洋地区的商业和文化中心。福建移民带来了自己的文化传统,也同当地文化相互交流,形成了文化的融合和创新。这种文化融合反过来影响了南洋地区的音乐、艺术、美食和建筑,造就了独特的南洋文化。

在历史上,福建人常常将"下南洋"视为追求更好生活的机会,他们踏上陌生的土地,克服语言、文化的障碍,努力工作,勤俭持家,逐渐在异国他乡建立起自己的事业,也为当地做出了积极贡献。这些福建移民通过他们的辛勤努力和商业智慧,成为东南亚国家经济发展的重要推动力量,同时传承和弘扬了福建的优秀文化传统。他们通常以"三把刀"或学徒工为职业起点,再逐步涉足零售、中介和批发业,由此积累了一定的商业资本。福建移民在南洋地区的创业精神和商业活动对当地经济产生了积极影响,为南洋地区的经济发展和多元化做出了贡献。

这个历史过程不仅反映了福建移民的创业精神,也为他们在南洋地区的成功创业提供了坚实的基础。福建省与南洋地区的历史联系是多维度的,涵盖经济、社会和城市发展等多个领域。首先,福建移民的创业精神在南洋地区有着深远的影响。他们通过勤俭节约逐渐积累了财富,这种创业文化传承下来,成为南洋地区商业成功的一个要素。从小小的零售店铺到跨国公司,福建移民的商业历程鼓舞着后代不断追求梦想。其次,福建移民与南洋地区的文化交流不仅体现在寺庙和宗教传统上,还延伸到艺术、音乐和美食等方面。这种文化交流丰富了南洋地区的文化景观,为多元社会的形成和繁荣做出了贡献。例如,南洋地区的美食中常常可以找到福建菜的影子,福建歌曲和传统音乐也在南洋地区留下了深刻的印记。最后,福建移民与南洋地区的经济联系推动了两地的共同繁荣。福建商人的投资和商业活动促进了南洋地区的城市发展,帮助其成为亚洲一个重要的经济中心。同时,南洋地区也为福建产品提供了广阔的销售市场,推动了福建省出口业务的发展。

综上所述,福建省与南洋地区的历史联系是富有活力且影响深远的。这

---

① 陈庆妃.百年福建华侨华人文学发展概观[J].福州大学学报(哲学社会科学版),2020,34(02):67-74.

些联系不仅丰富了文化传承,还为两地的经济繁荣和社会多元化提供了坚实的基础。这种历史联系将继续在未来的合作和交流中发挥重要作用,促进两地的共同进步。

第二节　新加坡、马来西亚华裔的文化身份

新加坡和马来西亚的华人社群在坚守中华传统方面展现了鲜明的文化特色与文化身份,这些身份在历史、社会和地理因素的影响下逐渐形成并演变。在语言方面,来自福建的华人社群更偏向于使用闽南语,而广东的移民则更习惯使用粤语。这种语言的多样性不仅反映了他们各自的文化根源,也丰富了这两个国家的语言环境。在宗教方面,尽管大部分华人社群仍然保持着对儒、释、道的信仰,但也有一些社群受到所在国宗教文化的影响,形成了独特的宗教融合现象。节日庆祝和饮食传统也体现了这种地区间的差异与多元性。不同的华人社群可能庆祝不同的节日,并在节日期间遵循各自的传统习俗。同时,他们的饮食文化也各具特色,从福建的闽南小吃到广东的粤菜,再到海南的特色菜肴,每一种都承载着丰富的文化内涵。

新加坡和马来西亚华裔普遍使用汉语,同时流利地使用闽南语、粤语、客家话等方言,这些方言不仅是日常交流的语言,还承载着文化传统和历史记忆。回顾 20 世纪的历史,我们可以在这些地方涌现的海外华文文学文本中看到思乡意识、回归意识和侨民意识。隔岸关心故土的移民心态在当时的华文报上也可追寻到。20 世纪下半叶的作家基本上以表现现实生活为主,一些作家还受到中国"五四"新文学运动的影响,比较多地关注民众的生活,这就给文学作品增添了许多现实的可信度。[①]

如今,新加坡华文文学语言展现了东西方文化的冲突、传统观念与现代性思维的冲突,表现了华人的思想情感以及审美追求。[②] 在新加坡的华人社群中,"故土"概念一直代代相传。20 世纪五六十年代,人们常用"侨乡情"来表达对祖国情感。然而,60 年代到 90 年代,随着新加坡脱离马来西亚联邦,这种"侨乡情"曾一度有所弱化,直到 90 年代大量新移民涌入,"侨乡情"才再次

---

① 苏桂宁.一扇了解马来西亚华人历史生活的窗口:《马华当代文学选》小说卷的社会文化意义[J].东南亚研究,2002(06):53-55.

② 张建英.南洋都市语境下的新加坡华文文学语言[J].湖南文理学院学报(社会科学版),2005(06):52-54.

成为族群认同的话语内容。

在马来西亚,华人通过文化记忆来构建文化认同。① 马华新文学发展至今已有百年历史。与新加坡相比,马来西亚的华文教育体系更为完整,有近 300 所初、高中和 20 多所公立大学开设华语专业。② 2023 年是马来西亚独立中学(简称"独中")复兴运动 50 周年,独中复兴运动对马来西亚华文教育运动来说,具有非常重要且特殊的历史意义。半个世纪前,马来西亚华裔社群曾积极推动独中的复兴。如今,独中的入学人数稳中有升,校舍规模不断扩大,表明该运动取得了显著成果,对华文教育的发展起到了积极的推动作用。马来西亚的独中教育在维护和传承华人文化、语言和传统方面发挥着重要的作用,为马来西亚华裔提供了更多体系化学习的机会。这不仅是马来西亚华文教育的成功典范,也是对马来西亚多元文化的一种宝贵贡献。

新加坡和马来西亚的华裔社群信仰多样化,包括佛教、道教、基督教、伊斯兰教等。宗教信仰在他们的文化身份中发挥着重要作用,影响了其仪式、节庆和价值观。以佛教为例,在马来西亚,佛教界充分利用国家宪法赋予的权利,推动各项有利于佛教发展的活动。③ 自 20 世纪 50 年代开始,马来西亚各地纷纷成立佛教团体。在新加坡,20 世纪四五十年代创建了许多寺院,明显地体现"落地生根"的象征。新加坡佛教总会的出现,代表佛教制度已经嵌入新加坡的政权体系中。④ 当然,随着汉传佛教传入新加坡与马来西亚,面对全新的地理、社会和文化环境,它成功地实现了"淮橘为枳"的蜕变。

新加坡和马来西亚的华裔社群还庆祝许多中国传统节日,如春节、中秋节等,这些节庆不仅是文化传承的一部分,还为社交互动和家庭团聚提供了机会。华裔社群经常参与各种活动,如舞狮、舞龙、传统戏曲表演等,以弘扬传统文化、增强社群凝聚力。而这些节日构成的一个完整的记载体系,展示了积淀在该民族意识深层的文化内涵。⑤

华裔社群的饮食文化在新加坡和马来西亚占有重要地位,它是一场美食的交汇与创新。这些社群巧妙地将中国的传统美食与当地的食材和烹饪技巧

---

① 毛睿.明朝公主和亲马六甲:马来西亚华人文学书写、文化记忆及身份认同[J].社会科学文摘,2019(11):112-114.
② 杨西航,田兴斌.马来西亚华语教育两大体系及其关系[J].汉字文化,2020(S1):81-83.
③ 陈秋平.内部的酝酿:马来西亚佛教青年运动形成与发展之原因[J].北京化工大学学报(社会科学版),2018(01):70-75.
④ 圣凯.新加坡汉传佛教的现代化实践[J].世界宗教文化,2019(03):45-53.
⑤ 康海玲.中华戏曲与马来西亚华人的节日民俗[J].中国戏剧,2008(10):58-60.

融合,催生了许多独特的新加坡和马来西亚美食。这些美食已经远远超越地域,成为国际知名的美食代表,吸引着食客们从世界各地前来品尝和探索。这反映了华裔社群的创造力和文化交流精神,也充分体现了新加坡和马来西亚这两个多元文化国家的独特魅力。

新加坡和马来西亚的华裔社群拥有丰富的文化身份,这些身份在历史和多元文化的背景下不断演化和融合。他们传承并赋予其新的意义,为两个国家的文化多样性和社会和谐做出了宝贵的贡献。这种多元性是新加坡和马来西亚社会的独特之处,也是文化丰富性的象征。

第三节　新加坡、马来西亚华人社群与福建省的互动

新加坡、马来西亚和福建省的交流历史源远流长,蕴含着丰富的文化遗产和深厚的历史渊源。这种交流不仅体现在经济贸易上,更涉及语言、习俗、宗教等多个方面。新加坡和马来西亚的华人社群承载着福建先民的文化传承,形成了独具特色的文化面貌。

福建省与马来西亚在加强经贸合作的同时,也高度重视人文领域的交流与合作。通过文化和教育等多方面的交流互动,双方友好关系更加深入人心。特别值得一提的是 2016 年,福建与马来西亚砂拉越州结为友好省州,双方在互设产业园区以及文化、教育、旅游等方面加强合作,共同积极融入"一带一路"建设,促进彼此友好关系不断向前发展。砂拉越州是马来西亚土地面积最大的州,地处东盟区域中心位置。"据悉,此系砂拉越州签署的第一份国际友好省州协议书"[1]。2016 年,福建省外办组织了由该省 10 家国有企业和民营企业组成的经贸代表团访问古晋,举办了第一次福建省—砂拉越州经贸合作对接会,并签署了《中华人民共和国福建省与马来西亚砂拉越州共建 21 世纪海上丝绸之路合作备忘录》。福建省莆田市、宁德市与砂拉越州诗巫市,泉州市与古晋南市的友好交流与合作不断扩大。2020—2021 年,福建合作、支持举办第十届和第十一届马中企业家大会,并组织省内电子信息、港口物流、现代农业等行业企业与马来西亚企业开展对接,深化合作。2023 年 05 月,福建

---

[1] 福建省与马来西亚砂拉越州建立友好省州关系[N/OL].新华网,2016-11-02.http://www.xinhuanet.com/politics/2016-11/02/c_129347645.htm.

省委书记、省人大常委会主任周祖翼率福建省代表团访问马来西亚,代表团积极推动落实两国领导人达成的共识,开展经贸文化交流活动,同时也与福建籍乡亲热情交流,进一步推动了福建与马来西亚在经济贸易、旅游、文化、教育、友城等多个领域的合作与交流。

中新两国已建交30多年,这使得双方人员往来密切,各领域的合作基础也非常坚实。从1821年新加坡开埠之初,第一艘中国商船自福建厦门启航开往新加坡开始,福建就与新加坡保持着紧密的经贸合作、人员往来。新加坡是改革开放后最早参与福建开放发展的国家之一,位居福建省吸收东盟投资第一位,双方在地缘、经贸、人文上联系密切。2023年02月,新加坡国家文物局、新加坡晚晴园/孙中山南洋纪念馆、福建省档案馆联合主办"无限江山笔底收——新加坡早期中文报业与星闽记忆"展览。"展览通过新加坡晚晴园/孙中山南洋纪念馆提供的百余幅历史照片、中文报刊复制品及福建省档案馆馆藏的大量珍贵涉侨档案文献,展示福建与新加坡深厚的历史渊源、友好交流和共同记忆。"[①]2023年05月,福建省委书记、省人大常委会主任周祖翼率福建省代表团在新加坡访问考察,推动经贸合作,深化人文交流,探访福建乡亲,共享友情,共策发展,进一步推动福建与新加坡的合作,提高合作质量,增加合作效益,实现优势互补,共谋互利共赢。

福建的文化软实力一直在我国同新加坡和马来西亚的长期友好交往中扮演着重要角色,其传播不仅对福建自身具有重要意义,也对国际社会的文化多样性和交流合作起着积极的推动作用。随着我国与东盟国家间交流的不断深化,福建的文化影响力必将继续融入新加坡和马来西亚的社会生活,为睦邻友好合作发展做出更大的贡献。

然而,关于福建文化软实力在新加坡与马来西亚的新闻传播方面,目前尚无系统性考察。生活在新马的华人华侨传承了中华民族精神,因此调查分析两国新闻报刊对其原籍地区文化软实力的报道框架,有助于科学评估中华民族精神在两国认知与传播方面的现状。"早在1815年,马六甲发行近代以来第一份海外华文期刊《察世俗每月统记传》,创华文报刊之先河。"[②]辛亥革命时期,南洋地区创办了一些著名的福建华侨报,包括《图南日报》《南洋总汇报》《中兴日报》《中兴报》《槟城新报》《槟城日报》《光华日报》《湄南日报》《进化报》等。遗憾的是,无论在国内还是国外,对这些新马华文报的学术研究相对稀

---

① 福建与新加坡携手举办文献遗产展[N].人民日报海外版,2023-02-13(06).
② 薛灿:近三十年新马华文报纸研究综述[J].东南传播,2017(05):131-134.

缺。这些报纸承载了丰富的历史信息和文化遗产,它们反映了华人社群的演变、思想的传播以及社会变革的进程。因此,深入研究这些报纸对理解亚洲历史和文化,以及华人社群在海外的发展,都具有重要的学术和文化价值。

在走访《诗华日报》时,笔者观察到企业展览馆内特别陈列着启德行集团在福建开设的酒店。这无疑突显了福建与马来西亚之间密切的合作关系,也展示了福建文化软实力在该地区深远的影响力。这种文化交流与紧密合作不仅有助于促进两国之间的相互联系,还为当地华人华侨提供了更多了解福建文化的机会,进一步加深了两地的友好交往。而在槟城的街头巷尾,许多华人都使用"福建话"进行交流,"槟州政府有意将'槟城福建话'申请宪报为州非物质文化遗产"[①]。马来西亚语言学家沈志伟指出"福建话不只在北马通用,还包括大马半岛沿海地带"[②]。这种语言联系也证明了福建文化在马来西亚的持久影响力。

---

① 杨顺兴.槟政府拟将"槟城福建话" 宪报为州非物质文化遗产[N/OL].2023-07-05.https://www.orientaldaily.com.my/news/north/2023/07/05/577773.
② 陈淑珊.年轻人不用不说,槟福建话渐没落[N/OL].2020-07-26.https://www.orientaldaily.com.my/news/north/2020/07/26/353915.

第二章
新加坡、马来西亚华文新闻出版史简介

海外华文出版产生于华人漂洋过海、背井离乡的历史足迹中,这些足迹由一批批走向海外的华人族群共同勾勒而成。鸦片战争后,华人大规模移居南洋,逐渐形成了华人社会,这些同宗同乡的组织与团体超越了个体姓氏与籍贯的限制,为华人社群的凝聚力打下了基础。在新加坡、马来西亚等地,中国本土的民族主义在华侨族群内得以接纳与传承。受到中国"五四"新文学运动的影响,许多华人聚居地区兴起了华文新文学运动,在文学形式上由旧文言文学转化为白话新文学,在文学内容上由旧文化旧思想的载体转化为宣传、提倡充分体现了"五四"精神的新文化新思想。[①] 南洋华文报刊在这一历史进程中扮演了积极的角色,为推动华文新文学发挥了重要的作用。

自19世纪以来,南洋地区的报业蓬勃发展,出现了全国及地方性综合性报纸,而其华文报纸成为早期华人群体了解社会动态、政治动向,表达族群诉求的重要媒体平台。华文报纸最早出现在马六甲和新加坡等地,并持续在印刷和媒体领域发展壮大,它们为华人社群提供了信息交流和文化传承的桥梁,发挥着不可忽视的历史作用。

第一节 新加坡、马来西亚华文新闻出版的发展历程

目前,南洋学界普遍认为,新加坡与马来西亚最早的华文出版物源自当时

[①] 李志.海外华文报刊对滥觞期海外华文文学建设的贡献[J].学术研究,2002(10):105-109.

伦敦布道会(London Missionary Society)①传教士的努力。这些出版物宣扬基督教义,用于传教工作。其中包括《察世俗每月统记传》,这是1815年英国伦敦布道会传教士米怜在今天的马六甲创办的世界上第一份以华人为对象的华文报刊。然而,随着鸦片战争的爆发,传教中心迁往中国,该布道会的出版物也因战乱而减少,陷入了一段沉寂时期。1858年,《日升报》的出现打破了这一沉寂,但其存在时间短暂,可查询资料极为有限。直到1881年12月10日创办的《叻报》②才真正打破了这段沉寂,被认为是战前新加坡第一份出版的华文报纸。它一直发行了52年,直至1932年03月才停止,因此成为第二次世界大战前新加坡存在时间最长的华人报纸。19世纪末到20世纪30年代,新马地区的华文报刊除了《叻报》,还有《星报》《天南新报》《日新报》《图南日报》《南洋总汇报》《中兴日报》《星洲晨报》《南侨日报》《振南日报》《国民日报》《新国民日报》《南洋商报》《星洲日报》《民国日报》《星中日报》等。

　　这一时期,新马地区的华文报纸多由私营企业经营,办报者主要是中产阶级商人。报社的主要收入来自报纸销售和广告。然而,由于当时该地区华人中识字人口相对较少,因而读者群体有限,报社的财政紧张,这直接导致报纸的印刷质量和纸张品质不高。值得注意的是,这一时期的华文报开始设有"论说"(社论)版块,多以雄文宏论为特色,常常连载数日。内容上"以关注中国问题为主,偶尔出现评论国际与当地问题的内容",这其中的原因主要是"那时期的华文报不论是党报或是私营的报纸,都具有浓烈的中国政治色彩,办报人都有强烈的中国政治意识倾向"③。由于新马地区的华人大多来自福建、广东等省,对乡情的关注极高,因此各报都纷纷开辟"福建新闻""广东新闻"专版,以报道两省在政治、社会、经济、文化等方面的动态。相比之下,关于新马本地的新闻报道较为匮乏。主要原因在于缺乏专业记者进行实地采访,导致对严肃话题的把握不足,而对恶性事件的描述较为突出。

　　爱国华侨领袖陈嘉庚是20世纪20年代的新马橡胶巨擘,他极重视文化教育,还创办了《南洋商报》。该报于1923年09月06日开始刊行,在发刊词中,他强调了我国商业不振的根本原因:"商人不知商业原理与常识耳,吾人深

---

① 伦敦传道会属于基督教新教宗派公理宗,建立于1795年,1977年与英联邦传道会(Commonwealth Missionary Society)及英国长老会差传委员会(Foreign Missions Committee of the Presbyterian Church of England)合并为世界传道会(Council for World Mission),总部位于英国伦敦。
② 《叻报》名称来自新加坡的别称"叻埠"或"石叻",为马来语 selat 之音译,意为海峡。
③ 崔桂强.新加坡华文报刊与报人[M].新加坡:海天文化企业私人有限公司,1993:26-27.

第二章 新加坡、马来西亚华文新闻出版史简介

知此弊,则实业、教务、政治三者人才,乃能辈出。"①《南洋商报》设备好、人才多,因而迅速成为新加坡发行量最大的华文报,之后更是发展成东南亚第一华文大报。1932年08月,《南洋商报》进行改组,增加了新的股东,成立了《南洋商报》有限公司。1939年,《南洋商报》与《新国民日报》合并,共同组建了南洋报业有限公司,但两份报纸仍然保持独立刊行的状态,随后《新国民日报》停刊,《南洋商报》则继续刊行。在日本占领新加坡期间,《南洋商报》暂时停刊,直到战后才恢复发行。

另一份与《南洋商报》规模相当的报纸属《星洲日报》,其发行量仅次于《南洋商报》。《星洲日报》由胡文虎独资创办,在《星报》的基础上发展而成,于1929年01月15日刊行。然而,该报历经两次停刊和两次复刊,分别是因战火、财务困境与政府制定的种族政策所限。胡文虎原籍福建永定,家族三代经营着"永安堂国药行",随后进入投资银行和保险业,开创报馆。他创办《星洲日报》的初衷在于"提高国人智识,补助学校教育之不足"②。创刊初期,《星洲日报》在厦门、上海、香港等地设有专员,通过电报传递第一手信息,并推出了"星光图画副刊",主编者为当时本地著名画家张汝器,并特约上海名家叶浅予、黄支农、郎静山等为图片记者,材料精彩,印刷美观,深得读者赞许。《星洲日报》每日出版四大张,涵盖中外新闻、福建与广东新闻、新闻评论、本地新闻、马来亚新闻以及南洋新闻。1966年,《星洲日报》脱离新加坡总社,立足马来西亚,在八打灵再也(Petaling Jaya)设厂,建立了出版与发行系统。

自"七七事变"至新马各地沦陷前夕,各地华侨的民族主义达到了抗日救亡运动的全盛时期。这一时期,新马各地的华文报对中国政局的发展极为关注,一旦发生重大事件,即刻刊发特刊。《南洋商报》和《星洲日报》更是设立了晚报版,详细报道和评论中国政治动态,表现出强烈的爱国情怀。第二次世界大战结束后,南洋各地的华文报相继创刊,如《新民主报》《南侨日报》《民声报》《星槟日报》等,这些报纸处在民主革命背景之下,社长与总编辑多为南去的知识分子,他们的政治思想深受中国影响,具有爱国爱乡的情怀。

1925年,新马地区诞生了一份小报《消闲钟》,于是在新马地区兴起了许

---

① 林金枝.近代福建华侨与新加坡、马来亚的华文报[J].华侨大学学报(哲学社会科学版),1988(2):.
② 萧依钊.星洲日报:历史写在大马的土地上[M].八打灵再也:星洲日报出版社,2008:23.

013

多所谓的"华文小报","至1929年达到巅峰,数量达89种"[①]。这些"小报"相对日报或大报来说,篇幅往往更为简短,通常一期只有一张,也有一些是双日或三日刊。在内容方面,小报坚持"人弃我取"的原则,侧重短文短评,以家长里短、轻松愉快的娱乐消息为主,适合闲暇时阅读。这样的出版潮流,与当时新马地区的经济境况与殖民政府政策有着必然的联系,经济不景气,导致民生艰难,出版业也随之凋零。1934年后,随着经济的复苏,当地出版市场才有所复活。到1959年,仍有70多家小报活跃在该地区,如《前锋报》《娱乐报》《逍遥》《平民报》《快活周报》《真报》《石报》《新华周报》《热带报》《欢乐报》《夜灯报》《新闻周刊》《新力报》《海报》《新报》《华声报》等。

当然,也有小报以严正的立场与严谨的姿态取信于当地读者,对国际与新马社会问题予以批评剖析,针砭时弊,拓宽读者的视野,《新报》《民报》就是其中的典范。《新报》的初创主编是傅无闷,最初是一份三日刊,后来改为双日刊,共四个版块,有国际与当地新闻的综合报道与评析,还有"新语""万象图""短评"。此外,《新报》还出版文艺、科学知识、工人生活、新妇女等方面的副刊。后期《新报》开始以明显的左倾立场报道新中国各方面的建设成就。然而在1957年10月23日,主编傅无闷因发表支持中国的言论而被捕,报社也由此停刊。《民报》创刊于1960年03月,最初为三日刊,后改为双日刊,该报是"站在国家主义的立场说话,以国家全民的利益为依归"[②],积极推动新文化运动,内容上既有社论、特写,也有关注"文艺"与"民风"的副刊。

第二节 新加坡、马来西亚华文新闻出版的意义和影响

新加坡、马来西亚的华文新闻出版历程,映射着华人社群的历史进程与精神追求。百余年来,华文出版物在这片土地上蓬勃兴起,成为当地华人获取信息、表达观点的重要渠道。这些媒体承担着重大使命,不仅是言论自由的捍卫者,也在政治、社会、文化等多个领域积极发挥着推动作用。同时,它们为文学、艺术的繁荣注入新的活力,成为知识分子展示才华、交流思想的重要阵地。通过回顾这一历史时期,我们将见证华文出版在新马地区的光辉历程,以及它

---

① 崔桂强.新加坡华文报刊与报人[M].新加坡:海天文化企业私人有限公司,1993:38.
② 谢槐.新加坡小报史[M].新加坡:铁报社,1957:21.

们在社会变迁、文化传承中扮演的重要角色。

1. 政治与社会导向

20世纪前40年,新马地区的华文出版物如雨后春笋般涌现,形成了一大批华文报刊。这反映了当时华文报在该地区拥有广泛的读者群体。办报人肩负着特殊使命,或是为了宣扬报纸所持的政治理念,或是为了向同胞们传达中国的重大议题,又或是为了积极响应民族独立运动并进行宣传。那个时期的华文报无论是规模还是出资方,都带有强烈的中国政治意识,其立场也会随着当时中国政治局势的变化而转变。1929年,《星洲日报》在仍是马来亚属地的新加坡创办,因为新加坡昔称"星洲",故得名《星洲日报》。世华媒体荣誉主席张晓卿曾表示,"华文报业和华裔社会血肉相连,华族要在新世纪中重新站起来,华文报业就必须重新界定自己的角色和任务"[①]。这些华文报纸往往以启迪民智为己任,而非谋求私利。各报用华文向居住在新马的华人阐述时事,开辟的"福建新闻"等专版比较翔实地报告了政治与社会等动态。如今,新马的华文报继承前辈的传统,坚持正直办报,不借煽动夸张或揭示他人隐私来吸引读者,而是专注于维护华文教育以及华人社群的权益。同时,它们也警惕因种族、宗教、语言文化差异等方面的失言而触犯法律。

2. 言论自由与社会动员

新加坡和马来西亚的华文报纸在历史上扮演了言论自由的坚定守护者和积极推动者这个重要角色。特别是在抗日救亡运动和二战后,这些报纸成为华人社群获取信息、表达观点的重要平台。通过对国际、新马地区以及中国政治动态的深入报道,它们引导着华人关心国家大事,为民族主义和爱国情怀的传播贡献了巨大的力量。19世纪,新马华人社群面临诸多严重问题,如娼妓、鸦片、赌博、私会党等,而《星报》等媒体针对这些弊端坚定地撰写文章,督促相关人士和政府高度重视,促使了一系列的改革。《星报》在停刊数月后,被改组为《日新报》,继续致力于传播儒家思想,成为推动思想改革与教育读者的有力工具。而《南洋商报》和《星洲日报》等报纸在特定历史时期设立晚报版,深入评论中国政治局势,更是彰显了强烈的爱国精神。

3. 文学、艺术与新闻事业发展

新马地区华文报纸的发展也为文学与艺术事业注入了新的活力。它们为许多知识分子提供了一个展示文学作品、评论艺术表现的平台。这些报纸刊

---

① 萧依钊.星洲日报:历史写在大马的土地上[M].八打灵再也:星洲日报出版社,2008:20.

登了大量的文学作品,涵盖散文、诗歌、小说等各种体裁,为华文文学的蓬勃发展提供了有力的支持。此外,这些报纸也促进了艺术的交流与发展,例如,《星洲日报》的"星光图画副刊"为当地艺术家提供了一个展示作品的绝佳机会。

新加坡和马来西亚的华文报纸在言论自由与社会变革以及文学与艺术发展方面都发挥了积极的推动作用,为华人社群提供了一个表达观点、传播文化、推动社会变革的重要平台。同时,它们也记录了时代的变迁,成为宝贵的历史文献资源。20世纪二三十年代,许多中国知识分子因战乱"下南洋"谋生,他们中有的拥有良好的学历,有的具备从事新闻事业的丰富经验,以扎实的文学功底和勤奋的笔耕闻名,极大地推动了新马地区文学和新闻事业的繁荣发展。而傅无闷、汪鲁颂、胡愈之、冯列山等一批著名主笔也在这一历程中发挥了重要的作用。

4.教育与知识普及

新加坡、马来西亚的华文报纸在教育与知识普及方面也发挥了积极作用。它们通过刊载丰富多样的文章和专栏,传播知识,提升读者的水平。特别是在《南洋商报》等一些大报的引领,以及一些小报的努力下,华文报纸成为当地民众获取教育信息的重要来源。此外,一些小报也特别注重教育类内容,为社区提供了学习新知识的机会。

1932年以后,新马华文报热衷于增设星期刊和晚报,许多专刊扩大了大众阅读的范围,其中包括《南洋周刊》《电影月刊》《戏剧周刊》等。《星洲日报》还有人专门负责撰写评述和专论,而一些周刊的内容更是受到大家的普遍喜爱,如《经济周刊》《妇女届》《体育周刊》《教育周刊》等。另外,文艺和知识普及方面的副刊也层出不穷,例如《南洋商报》的《晓风》与《狮声》,《星中日报》的《星火》与《星云》等。

不可否认的是,19世纪和20世纪初的新马华文报在当时的社会和政治环境下扮演了举足轻重的角色,它们不仅是华人社群获取信息的重要来源,也成为传播新思想、推动社会变革的重要平台。这些报纸积极关注国际事务,特别是关心中国的政治动态。它们在抗日救亡运动和战后重建时期,发挥了宣传爱国主义和民族自豪感的作用。通过深入的报道和评论,它们引领了华人社群对国家大事的关切,推动了民族意识的觉醒和华人的团结。

第三章
新加坡、马来西亚华文报简介

新加坡、马来西亚两国的华文新闻出版业和华文报纸拥有悠久的历史,尽管在话语权方面存在些许差异,但它们的共同点体现在两国华文报刊依然保持良好的公信力,以客观的态度来报道涉华新闻,受众群体可观。除此之外,新马两国的华文报刊由于其华人经营者的成长背景,对中国本土有很深的感情,并且在开展报纸与媒体经营业务的过程中,积累了丰富的媒体运营经验,在业内建立了广泛的人脉关系,特别是在联系华人、回馈社会、交流信息等方面起到了至关重要的作用。[①] 本书以新马两国拥有上述特征的华文报纸(见表3-1)作为研究数据的主要来源,选择报纸的原则如下:首先,所有权单位或机构属于报刊发行所在国;其次,以客观的态度报道涉华新闻;再次,在当地拥有可观的发行量;最后,所有权单位或机构有正常的新闻出版业务管理。通过选择具备上述条件的华文报纸作为研究数据来源,本书可以更全面地了解和比较新马两国的华文媒体行业。同时,这些报纸的报道和发行状况也反映了两国华人社区的关注点和需求,为进一步探讨新马华人社群与华文媒体之间的联系提供了有力的依据。

表 3-1 新加坡、马来西亚华文新闻刊物及其出版单位信息列表

国家	新闻报刊名称	新闻出版单位
新加坡	联合早报 Lianhe Zaobao	新加坡报业控股
	联合晚报 Lianhe Wanbao	
	大拇指 Thumbs UP	
	新明日报 ShinMin Daily News	
	早报逗号 zbCOMMA	

[①] 吴君静.马来西亚华文报纸涉华新闻探究——以《星洲日报》为例(2018.1.1—2018.12.31)[J].海南大学学报,2019,37(06):158-168.

续表

国家	新闻报刊名称	新闻出版单位
马来西亚	星洲日报 Sin Chew Daily	世界华文媒体有限公司
	中国报 China Press	
	光明日报 Guangming Daily	
	南洋商报 Nanyang Siang Pau	
	光华日报 Kwong Wah Jit Poh	光华日报出版社
	东方日报 Oriental Daily News	启德行集团
	诗华日报 See Hua Daily News	
	联合日报 United Daily News	砂拉越报业
	华侨日报 Overseas Chinese Daily News	叶氏父子控股

华文报在新加坡和马来西亚都已有百余年历史，早在1881年，新加坡创办了第一份华文日报《叻报》，而1889年马来西亚最早的华文报纸《华洋新报》在槟城创刊。这两国的华文报一直紧随时代的洪流，经历了各种跌宕起伏，记录着两国华人关注的当地民生、华人族群状况、家国情怀和社区发展等重要信息。这些华文报在过去百余年的发展历程中，扮演了重要的角色，同时还见证了两国华人社群的历史变迁。它们记录了华人移民的故事，见证了华人在新加坡和马来西亚的奋斗和发展。在历史的长河中，它们始终陪伴着华人社群，见证了两国社区的成长和演变。它们不仅是新闻传播的媒介，也是华人社区沟通、交流的重要平台。通过报道当地的重要新闻和事件，它们反映了当时的社会风貌和时事热点，也关注并传递了华人社群的关切和期望。同时，这些华文报也传承了华文媒体的传统，继承了华文写作和新闻报道的技艺。作为华人社群的代表，它们在华文媒体领域发挥着重要的作用，为华人社群提供了信息、知识和文化传承。新加坡和马来西亚的华文报是两国华人社群宝贵的历史遗产，它们凝结了无数华人的心血和奉献。

第一节　新加坡华文报

新加坡报业控股（Singapore Press Holdings，简称新加坡报业，见图3-1）是新加坡最大的报业集团，目前拥有11家报纸和16家杂志，几乎垄断了新加坡国内所有报章的出版与发行。2021年，新加坡报业控股将其媒体业务进行转让，新报业媒体信托成为其实际上的媒体业务持有人及管理者。它的旗舰报刊为新加坡的英文大报《海峡时报》(The Straits Times)。《海峡时报》由亚美尼亚人吉席·摩西(Catchick Moses)创办,于1845年07月15日首次发行,是新加坡唯一报道一般社会新闻的宽版英文报纸。作为新加坡最重要的英文媒体之一,《海峡时报》在报道新闻和时事热点方面扮演着重要角色,影响着新加坡社会的舆论和议题讨论。经过多年的发展,新加坡报业控股已成为新加坡媒体行业的主要参与者之一。除了《海峡时报》,它还拥有多家报纸和杂志,涵盖了不同领域和读者群体。作为一家大型报业集团,新加坡报业控股在新闻报道和媒体运营方面积累了丰富的经验,为新加坡的新闻传播做出了重要贡献。

图 3-1 新加坡报业控股标志

除了报纸和杂志业务,新加坡报业控股还拥有电台、电视、户外媒体、通讯、网络与房地产业务。自2001年至2004年,新加坡报业控股经营报业控股传讯(SPH Media Works)的电视广播业务,其中包括华语广播优频道、8频道,以及以英语广播i频道与5频道。这些电视频道提供了多样化的节目内容,覆盖了不同语种和观众群体。新加坡报业控股还通过持有媒嘉多媒体(SPH Media Box Office)80%的股权成为新加坡最大的户外广告媒体供应商。它的业务主要覆盖城市心脏地带的5部大型LED显示屏,以及600部等离子、液晶体显示器和其他广告热点。同时也为城市中心地带的行人和车辆提供多样化的信息和内容。此外,新加坡报业控股还持有本地第二大流动电信服务公司第一通(M1)的股份。通过投资电信业务,新加坡报业控股进一步扩展了自己在媒体和通讯领域的影响力和业务范围。依托其在电视、广播、户外媒体、通讯和房地产等领域的投资和运营,新加坡报业控股成为一个多元化的媒体和房地产集团。多种业务的经营策略不仅为公司带来了更多的收入来源,也使其在媒体产业中具备了更强的竞争力和更高的市场地位。华文报纸在新加坡媒体领域发挥着重要作用,满足了不同读者群体的需求,推动了华文媒体的发展和传承。

1.《联合早报》

《联合早报》是新加坡主要的综合性华文日报,前身是1923年创刊的《南洋商报》和1929年创刊的《星洲日报》,1983年两报合并后共同出版《南洋·星洲联合早报》,简称《联合早报》。该报立足于新加坡,覆盖东南亚各国新闻,报道长期关注中国。1995年,《联合早报》进入互联网,被海外学者誉为电子报刊业亚太地区成功的典范。《联合早报》网页版的内容被迅速传送到全球各角落,深受世界各地中文读者欢迎,被视为考察境外中文媒体的指标性媒体之一。

2.《联合晚报》

1983年03月16日,新加坡版的《南洋商报》和《星洲日报》合并,由此创办了新加坡华文晚报《联合晚报》。该报侧重于新加坡当地的娱乐类信息,较少涉及国际新闻报道,因此在当地民众眼中,这是一份"大报形式的小报"。"小报"在南洋华人语境下指的是报道内容的真实性存疑。2005年01月01日,《联合晚报》开展了重组改制,开始采用较为严肃的报道方式,试图通过多元内容与整齐的排版格式吸引年轻受众群体。2007年,华文媒体集团整合《联合早报》《联合晚报》,以及数码部的采访资源,成立了新闻中心,统一管理分配两家华文报的资源与新闻平台。然而,传统纸媒市场不敌数码浪潮,其市场迅速萎缩,新加坡华文媒体出现了"后继无人"的情况,2021年12月,《联合晚报》被正式纳入《新明日报》,由此停刊,因此本书收集的《联合晚报》的相关信息也截至其最后一期的2021年12月24日。

3.《大拇指》

《大拇指》是针对新加坡学生群体的华文报纸,于2000年01月15日由时任副总理李显龙发起,旨在提高新加坡学生的汉语水平。该报涵盖了地方及国际新闻。同前面提到的其他华文报不同的是,由于其主要读者群是学生,因此还设有模拟试题版块,以协助学生备考。此外,它还为学生读者提供娱乐、游戏和漫画版块,为学生创造了丰富多彩的阅读体验。

4.《新明日报》

《新明日报》由中国香港小说家查良镛(金庸)创办。查良镛早在1959年与沈宝新在中国香港创办《明报》,以武侠小说和中立的新闻立场在中国香港及东南亚地区赢得了一定的知名度。当时中国香港主要的报业集团纷纷向海外发展,其中包括新加坡,而《新明日报》便是其向东南亚市场扩展的一部分。1982年,新加坡的《新明日报》经历了重要的所有权变更,被《海峡时报》成功收购。原《海峡时报》的高级副总编辑冯元良先生被委以重任,担任《新明日报》编辑委员会主席。在三年任期里,冯元良先生展现出卓越的领导力和深远的改革视野。他不仅推动了《新明日报》内部的多项创新改革,还从海外招募了一批经验丰富、才华横溢的新闻工作者,为报纸注入了新的活力。① 到了1987年,新的《新明日报》正式成为时报的全资子公司。2021年09月,为了整合报业资源,新报业媒体信托候任主席许文远宣布《新明日报》将在同年12月与《联合晚报》合并,以集中资源提高《新明日报》的品质,进一步提升报纸的影响力和新闻报道的质量,为读者提供更加全面和优质的新闻内容。

5.《早报逗号》

《早报逗号》的前身为1991年02月22日创办的《新加坡星期五周报》。如今,它成为新加坡报业控股旗下的一份适合学生阅读的报纸,并更名为《早报逗号》,在年轻一代中享有良好的声誉。《早报逗号》旨在培养年轻一代的新闻阅读兴趣,激发他们对新闻事务和时事热点的关注,通过轻松有趣的内容,努力引导年轻读者形成积极向上的价值观和思考方式,培养他们的批判性思维和媒体素养。基于此宗旨,该报致力于为年轻读者提供丰富多样的内容,包括读报教育、新鲜事、互动及娱乐等,力求以生动有趣的方式呈现新闻和信息,吸引年轻读者的兴趣,并增进他们对新闻的理解和认知。随着科技的进步和社交媒体的普及,年轻人获取信息的途径和阅读习惯发生了变化,因此《早报逗号》充分利用数字化媒体的优势,在线上平台上推出了多样化的内容,以适应年轻读者的需求。通过与时俱进的方式,该报不仅传递新闻信息,还为学生们提供了一个了解世界、探索知识和表达观点的平台。

第二节 马来西亚华文报

马来西亚拥有50份报刊,使用8种文字出版,其中华文类超过10家。它们的总社主要分布在马来西亚西南部、北部和东部。在马来西亚,各家媒体均受内政部监管,根据《1984年印刷机与出版法令》(Printing Presses and Publications Act 1984)第12(1)条款,印刷机执照或出版准证的有效期最长为12个月。这意味着媒体每年都需要更新其印刷机执照或出版准证,以确保其合法运营。同时,这也是内政部对媒体运营进行监管和审查的方式之一,以确保

---

① 崔桂强.新加坡华文报刊与报人[M].海天文化企业私人有限公司,1993:183.

媒体报道的内容符合国家法律法规，不违反社会伦理和价值观。马来西亚的华文报在这样的监管环境下，不断为读者提供丰富多样的新闻内容和信息，传递社会动态和时事热点，并反映华人社区的关切和诉求。

1. 世华媒体集团旗下的华文报

近年来，对马来西亚华文报业格局影响最大的当属世界华文媒体有限公司（Media Chinese International Ltd.，简称世华媒体集团）合并华文报的一系列动作。世界华文媒体有限公司的前身是明报企业及明报集团，创立于1959年。2008年04月23日，明报企业、星洲媒体集团有限公司和南洋报业控股有限公司达成合并计划，明报企业有限公司改名组成世界华文媒体有限公司，成为首家在中国香港及马来西亚两地双边上市的企业。世华媒体集团旗下共有四种华文报，分别是《星洲日报》《南洋商报》《中国报》《光明日报》。其中《光明日报》总社设在槟城，另外三家华文报的总社在雪隆地区。

图 3-2　马来西亚世华媒体集团标志

受新冠肺炎疫情的影响，世界华文媒体有限公司经历了一定的亏损。直至2022年04月，马来西亚政府解除一切行动管制令（movement control order）后，公司的运营情况才出现了明显改善。根据《星洲网》的报道，世华媒体在2022年第一季度获得了"56万马币税前盈利，逆转前期的844万1千马币亏损"[①]。报

[①] 世华媒体首季营收 1.3 亿［EB/OL］.2022-08-30. https://www.sinchew.com.my/20220830/世华媒体首季营收1—3亿/.

道还援引了世华媒体行政总裁张裘昌的观点,他指出在经济情况不明朗且营运成本上升的情况下,挑战与不确定因素依然存在,因此,集团营运市场需保持开放的姿态,不断洞察消费者的需求性转变,并适应不断变化的市场环境。世华媒体集团作为马来西亚重要的华文媒体集团,扮演着传递新闻和信息、反映社会动态和观点的重要角色。

(1)《星洲日报》

《星洲日报》创刊于1929年,见证并经历了马来西亚的英国殖民地时代、抗日时期、独立运动,以及建立联邦政府,在近百年历程中经历过两次停刊。第一次停刊是因1942—1945年日军南侵,马来西亚和新加坡相继沦陷,迫使报纸停刊。第二次停刊是在1987年10月,马来西亚政府援引出版和印刷法令吊销《星洲日报》的出版准证,直至次年04月在时任社长张晓卿与报社高层的努力争取下才得以复刊。在如此多变的生存环境下,《星洲日报》历经了马来西亚政治、文化和社会的诸多重大变迁,同时努力开创现代化的媒体经营形态。2004年10月,《星洲日报》同《光明日报》、《星洲网站》、《亚洲眼》及其他三份教育周刊正式组成星洲媒体集团,并在吉隆坡证券交易所主要交易板上市,成为公共公司。

作为一家全马综合性报纸,《星洲日报》坚持"正义至上、情在人间"的办报理念,拥有完整多元的内容覆盖,每天全面报道国内外的政治、财经、社会、文化、体育、娱乐新闻,同时也刊登各种分析和评论文章。在办报理念的指导下,该报秉持客观和独立的精神,以专业、开明的态度报道新闻、刊发评论文章,树立了普遍公信力。《星洲日报》还致力于社会关怀项目、弘扬中华文化,强调服务社会的理想和传承薪火的使命。为了落实这些理念,星洲媒体集团设立"星洲日报基金",主办各项筹款活动,为马来西亚的华文学校及各种族的不幸人士、弱势群体筹款。此外,星洲媒体集团每年还和世界宣明会推展"饥饿30"人道主义运动,筹款援助世界各地的灾民和贫困者,体现了"情在人间"的人道主义精神。

(2)《南洋商报》

《南洋商报》由陈嘉庚于1923年09月06日在新加坡创刊,仅仅运作了23天,英殖民地政府就以"涉及党派政治"为理由下令停刊,直到翌年的02月01日才获准重新出版。第二次世界大战期间,《南洋商报》再次停刊3年多,直到1945年09月才复刊。1958年07月23日,南洋报业控股有限公司成立。1969年,新加坡从马来联邦中除名,成立新加坡共和国,为适应当时的政治情况,报社分别出版马来西亚版和新加坡版的《南洋商报》。1996年11月,《南洋商报》进入互联网,开启了新闻网站,次年推出新平台,成为马来西亚第一家在网上提供实时新闻的报纸。

《南洋商报》经历了一系列股权转让、分割及其由此引发的争议。1993年,南洋报业控股有限公司收购了《中国报》,2001年05月,华仁控股从丰隆集团手中收购南洋报业控股,献议以72.35%的股权收购《南洋商报》,由此成功控制马来西亚两大华文报——《南洋商报》与《中国报》,两报开启了被单一商业集团垄断的时代。与此同时,当时的执政党也开始介入这两家华文报。

(3)《中国报》

《中国报》是由马来西亚财政部前部长敦李孝式为首的筹组委员会发起的,于1946年创刊。1993年,丰隆集团接管《中国报》,中国报社遂成为南洋报业集团属下的子公司。2000年04月,《中国报》正式推出电子报,设立了新闻网站。近年来,《中国报》的数字平台影响力实现稳步提升。在人民日报海外网数据研究中心主任卢永春发布的《2019海外华文新媒体影响力报告》中列出了海外华文媒体网站影响力榜20强,其中《中国报》位列第四位。[①]

《中国报》是一家综合性华文报纸,内容涵盖政治、经济、论坛、体育、影视、副刊等。该报发表的社论主要是针对在马来西亚发生的事件和国家层面的议题,社论总体上对执政党和反对党都持批评态度。从报道内容来看,具有明显的"小报风格",着重煽情、耸动的社会新闻、意外新闻,其报道多为本地政治或目标读者群的生活和日常话题有关,这样的报道路线为其获得了大量的网站浏览用户。不过作为世华媒体集团属下报业的一部分,《中国报》曾多次跟随《星洲日报》封杀新闻内容,引起民间诟病。

(4)《光明日报》

《光明日报》的前身为《星槟日报》。《星槟日报》在1986年因财务危机被迫停刊,当时被遣散的报社员工获得北马华社领袖的大力支持,原班人马在马来西亚民政运动党主席林敬益的协助下取得了出版准证,于1987年12月18日创办了《光明日报》,由此取代《星槟日报》继续为北马华人社群服务。不过《光明日报》在创刊的最初5年里筚路蓝缕,以致数度易主。2006年02月03日,《光明日报》北马版晚报的国际版刊登了一张外媒的照片,照片上一名读者正在阅读一份载有亵渎先知漫画的报纸,因使用了含有对伊斯兰教不敬的外媒图片而被勒令停办整改两周。该报的标语为"每一天的好朋友",据其总编辑陈东郡介绍,《光明日报》可以是"一家人的报纸",每一位家庭成员都可以从

---

① 《2019海外华文新媒体影响力报告》发布[EB/OL]. 2019-07-09. https://www.163.com/dy/article/EJLBDVML0514R9L4.html.

中阅读到自己感兴趣的内容。如今该报已为北马华人社群服务三十多载,形成了固有的读者互动机制、社群慈善服务组织等,其中最具代表性的有槟城乔治市春节大型庙会、华人社区慈善帮扶项目。

图 3-3 《光明日报》与《星洲日报》在槟城乔治市的报社门厅

此外,《光明日报》也积极与多家国际新闻通讯社展开合作,包括新华社、法新社、美联社等。在社交媒体盛行的今日,《光明日报》也紧跟时代潮流,早在 2010 年 05 月就开设了自己的脸书(Facebook)账号,成为较早设立脸书账号的马来西亚华文媒体。从 2020 年 04 月起,开始提供 TG 电报(Telegram)服务以便数字用户获取新闻资讯。此外,读者们还可以通过手机终端便捷地下载《光明电子报》。

2.世界上历史最悠久的华文日报:《光华日报》

《光华日报》1910 年 12 月 10 日由孙中山在马来西亚槟城创办,是"东南亚历史悠久的著名华文报纸"[①]。创办之初,《光华日报》的使命是向本地华侨宣传革命思想,推翻清王朝,建立共和,在这一使命的指导下,该报也为推动当地华人捐款支援中国抗日做出了巨大贡献。尽管在第二次世界大战期间曾停刊两次,但该报始终服务于广大读者,陪伴了很多代马来西亚华人。2001 年 03 月 28 日,《光华日报》获《马来西亚记录大全》颁发"当代世界历史最悠久的华文日报"证书,这证明该报是世界上寿命最长的华文日报。同时,《光华日报》的刘洪钟先生因其卓越的服务获得了"马来西亚健力士服务最久员工勋

---

① 查本恩.《厦门日报》:联手华文媒体讲好厦门故事[J].中国记者,2016(04):122-123.

章",当时他已92岁高龄且在该报任职超过60年。二战期间,日军完全占领槟城,由于《光华日报》坚持抗日立场,报社遭到占领而停刊,创刊以来所有的文件和报纸全都被毁,印报机被日军运往森美兰州芙蓉,用来印刷日本军用手票。来自中国福建的刘洪钟当时已在《光华日报》服务7年,日军投降后,他从芙蓉市运回了被日军夺走的印报机,让报社重新运转起来。1957年08月31日,马来亚摆脱了英国的殖民统治,成立了马来亚联合邦,马来亚华侨获得了马来亚国籍身份,《光华日报》也从注重中国新闻转向关注本土内容。1998年,马来西亚商业注册局庆祝其一百周年纪念日,特别颁发"历史最悠久注册公司及业务蓬勃荣誉奖"给五家历史最悠久的公司,其中《光华日报》即获此殊荣。作为东南亚历史悠久的华文报纸,《光华日报》见证了马来西亚的重大历史事件和社会变迁,为华人社区和广大读者提供了丰富的资讯和服务;其坚持抗日的立场和对本土内容的关注,又彰显了该报的社会责任感和时代意识。

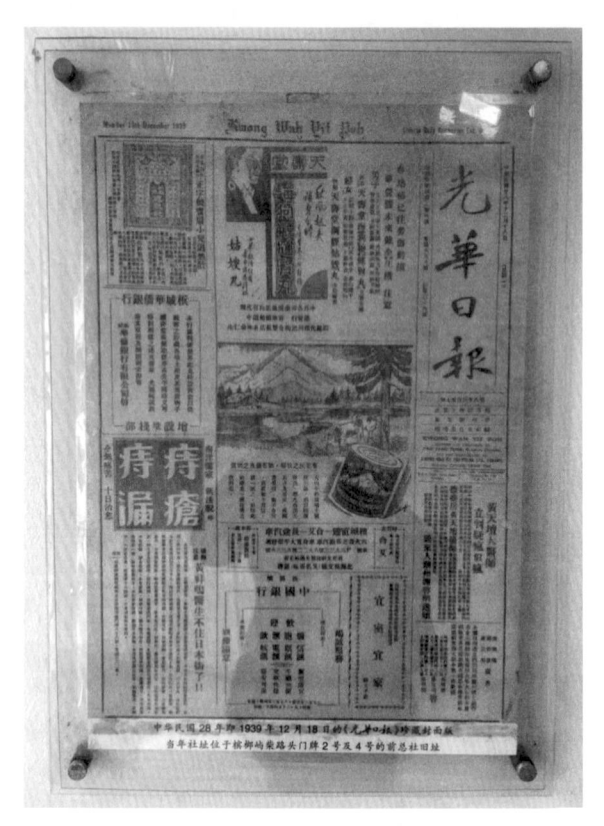

图3-4　1939年12月18日《光华日报》珍藏封面版

(展于槟城总社门厅)

在马来西亚,《光华日报》是新型印刷技术的早期采用者之一。20世纪70年代,《光华日报》报社购买了当时最新型的柯达彩色印报机,成为北马地区最早拥有彩色印报机的报社;90年代初,他们引进来自北京的北大方正彩色激光照排系统,逐步将报纸制作过程全面电脑化,实现了打字、排版、美工、编采等环节的现代化。这些先进的技术让《光华日报》在当时处于报业的前沿地位。

《光华日报》一直秉承服务社群的宗旨,关注社会人情冷暖,坚持每日发行《日报》与《晚报》,内容涵盖政治、经济、文化、教育等各个方面。该报现任总编辑林松荣表示,作为陪伴本地与世界读者一个多世纪的中文报,他们与世界各地的中文媒体建立了合作关系,包括《厦门日报》《侨报》《广州日报》《文汇报》等。作为一家具有公信力的马来西亚华文媒体,报社不断发挥着积极的社会影响力,例如,在2020年中国南方发生水灾时报社发起了募款活动,还通过报刊的固定板块报道本地好人好事,为弱势阶层提供善款协助,展现了媒体的社会担当。

图 3-5 作者(左一)与《光华日报》总编辑林松荣合影

3.启德行集团旗下的华文报

启德行集团(KTS Group)是一家拥有十大业务版块的综合性企业集团,其中传媒领域业务扮演着重要角色。启德行旗下共有四份报纸,分别是华文报《诗华日报》《东方日报》、英文报《马来日报》,以及马来文报《婆罗洲邮报》。此外,传媒领域业务还包括《乐》周刊、《足球王》周刊等刊物。启德行集团以其在传媒领域的深厚实力和积极创新的精神,通过不断提供高质量、多元化的新闻内容,集团的报纸和杂志深得读者的认可和喜爱。

(1)《诗华日报》

《诗华日报》是一份历史悠久的华文报纸,创刊于1952年,总社设在砂拉越首府古晋。作为东马较具影响力的华文报纸,《诗华日报》内容涵盖广阔,涉及政治、经济、体育、影视等方面。创刊之初,《诗华日报》只是一家地方性报纸,每日出版两大张,后来逐渐扩充内容和版面,发行范围也逐步涵盖砂拉越、沙巴及文莱等地,从而由一家地方性报纸发展成为婆罗洲[①]地区的重要报纸。启德行集团于2001年接手《诗华日报》的经营,现在每日发行12大张共48版。秉承着为读者提供多样化内容的宗旨,除了主报,该报还开发了一系列周边产品,包括《小乐园》儿童月刊、《豆苗》学生周刊、《自然与健康》、《乐》、《足球王》、《婆罗洲风采》等,涵盖少儿、健康、娱乐和体育等领域,以满足不同读者群体的需求。

启德行集团旗下的《诗华日报》是东马重要的华文报纸,目前拥有近千名员工,其中包括一批忠实的送报员。这些送报员坚持将每份报纸亲自送到订阅用户的家门口,保持着传统订阅的良好服务习惯。然而,面对愈发艰难的大马媒体生存环境,尤其是经济收入方面的压力,《诗华日报》近期逐步开展"精简计划"。这一计划旨在适应变化中的媒体行业,并重新构建业务与人才版块,以便让传统报业与时代接轨。广告业务模式过去一直是支撑报纸网页与纸质报纸运营所需开销的重要来源,然而,随着新媒体的蓬勃发展,这一模式逐渐变得越发艰难。在这种情况下,采编人员仍然坚守专业,但急需寻找适应新时代的解决方案。《诗华日报》面临转型的挑战,通过积极适应变革、拥抱新媒体技术,同时继续提供高质量的新闻报道与服务,依然有机会在媒体行业中保持领先地位。而那些忠实的送报员坚持的传统服务习惯,也是《诗华日报》能够保持读者忠诚度的重要因素之一。

[①] 婆罗洲,马来语Borneo,全境由印尼、马来西亚及文莱三国管辖,是世界上管辖国家最多的岛屿。

图 3-6　《诗华日报》1952 年 04 月 01 日发行的创刊报
（现陈列于启德行集团史料馆）

　　《诗华日报》与马来文报《婆罗洲邮报》都位于古晋的启德行集团大厦内。近年来，启德行集团还增加了广播电台 Tea FM 的新业务，该电台使用汉语、马来语、英语播报节目，进一步扩充了启德行集团在媒体领域的业务范围。除了传统媒体外，启德行集团还积极融入新媒体平台。启德行集团名下的各个媒体都在海外版抖音平台(Tik Tok)、图文分享平台照片墙(Instagram)，以及社交媒体平台脸书(Facebook)上同步发布内容。这一战略使得启德行集团能够更好地触及年轻的受众群体，扩大了媒体传播的覆盖面，也增强了品牌的知名度。通过多语种的节目播报和跨平台的内容发布，启德行集团有效地满足了不同语言和文化背景的读者和听众需求，进一步巩固了其在东马地区的媒体领导地位。同时，利用新媒体平台的优势，集团能够与读者和听众更直接地互动，吸引更多的参与和关注，也为广告商提供了更广泛的宣传途径。

图 3-7　作者（左一）与《诗华日报》新闻经理谢周文、副总编辑陈礼生在启德行集团大厦前合影

（2）《东方日报》

《东方日报》创刊于 2002 年，总社设在马来西亚首都吉隆坡，创办人为已故著名企业家拿督斯里刘会干，他曾是启德行集团的领导者。如今，《东方日报》是启德行集团旗下媒体业务的主要组成部分之一。《东方日报》强调言论自由，在创刊早期曾经对马来西亚华人社会产生冲击，这是因为许多读者期望《东方日报》在言论尺度上能有更大胆的尝试。目前，《东方日报》拥有 300 多名员工，其中全马编采人员 200 人，大部分是从《中国报》《星洲日报》《南洋商报》过来的。

回顾《东方日报》的历史，它在 2002 年 09 月 29 日创刊当天就被吊销出版准证，经过三个月的上诉，于 2003 年 01 月 01 日重新获准出版，它以言论自由为特色，每天都发布社论。到 2007 年，报社进行了内部改革，改为不定时或在发生重大事件时才发布社论，并将社评分成数个版面，如名家、文荟、八方会见、龙门阵、江渚长谈、专题和东方大讲堂。然而，由于资源不足和新闻质量问题，一些社评版面被删除。受新冠肺炎疫情的冲击，2020 年，《东方日报》的整体业务出现断崖式下滑，为了应对形势，他们不得不采取相应的转型计划：暂停出版周末的纸版印刷，仅保留周一至周五的报纸出版。尽管很多马来西亚华文报兼顾纸质报纸与新闻网站，但在 2021 年 04 月 16 日《东方日报》结束其纸版印刷,选择完全型转为电子报,成为马来西亚各华文报中唯一全面放弃传统纸质报纸的一家。通过完全转型为电子报,他们可以更好地适应当今数字化时代的媒体消费趋势,并为读者提供更便捷、灵活的阅读体验,也为广告和商业合作开辟了更多的数字化渠道。

4. 东马最早的华文报:《华侨日报》

《华侨日报》创刊于 1936 年 03 月 01 日,是当时北婆罗洲的首家日报。1947 年,沙巴报业之父丹斯里叶保滋接办了该报,每日出版 6 个版面。1978 年 04 月,该报正式改为私人有限公司,归属叶氏父子控股有限公司所有。此公司还拥有一家英文报纸《每日快报》。这两家报纸在沙巴拥有庞大的读者群体,并主张"东马应具有独立意识的媒体"。《华侨日报》是沙巴历史最悠久的华文报之一,承载着许多年的历史和文化,为华人社区提供了丰富多样的新闻和资讯。作为东马地区的媒体企业,叶氏父子控股公司强调媒体的独立性和独特性,旨在为当地读者提供具有独立意识的新闻报道和观点。这种立场可以为读者带来多元化的信息,促进公众对不同问题的深入思考和讨论。其影响力不仅限于传播信息,更在于促进社区内外的交流与理解,成为沙巴地区不可或缺的一部分。

5. 东马华文报之一:《联合日报》

《联合日报》的前身可以追溯到《美里日报》《中华日报》,2004 年 01 月 01 日,这两报合并,正式成立今天大家熟知的《联合日报》。该报总部位于马来西亚砂拉越美里,一直致力于为东马地区提供全面的新闻报道。目前《联合日报》主要在东马的砂拉越与文莱发行,着重关注砂拉越西部地区,包括古晋、三马拉汉、斯里阿曼等地的本土新闻。同时,它密切关注东南亚周边国家与中国的相关新闻,为读者呈现一个多元化的信息世界。合并后,《联合日报》成功汇聚了《美里日报》和《中华日报》的资源优势,进一步提升了新闻报道的质量和广度,在砂拉越州拥有较为稳固的读者群,深受当地社区的关注和喜爱,成为东马地区不可或缺的信息来源,推动了社会和文化的交流与发展。

第四章
新加坡、马来西亚华文报有关福建软实力的新闻报道

新加坡、马来西亚有众多福建籍人口,数量可观。从两国的华文报的新闻报道中,我们可以观察到一些独特的规律,这些规律反映出两国华人对福建人文、历史、跨国交流等议题的关注。我们通过关键词"福建""福建文化",在新加坡和马来西亚的华文报纸官方网站上进行数据人工抓取。所收集的数据从2013—2022年,共获得294条数据。在人工分析的过程中,我们逐一审查了文章的相关性,剔除了不相关和相关性较弱的内容,最终筛选出242条有效的报道样本,这些报道与福建文化软实力有关。在数据清理与筛选阶段,参与的编码员都具有新闻专业背景,每一条数据均由2名编码员共同确认是否符合筛选标准。为了从242条数据样本中识别并提炼出新马两国华文报有关福建软实力报道的主题,本书采用了主题式分析。这个方法包括熟悉数据、生成初步编码、识别主题、审查主题、定义与命名主题以及生成报告六个步骤,通过这些步骤,我们能够深入分析报道中呈现的关于福建软实力的主题内容。

第一节 新马两国华文报对福建软实力报道主题

本书通过主题式分析,识别、提炼并归纳出了有关福建软实力报道的四个主题,具体包括:

1.南洋地区福建人对福建文化的传承与弘扬

报道关注福建人在南洋地区对福建文化的传承和弘扬,突显了他们在文化传统传承方面的努力和贡献。这些报道展现了福建人在南洋地区积极参与文化传统传承的努力,呈现了一幅传统与现代交融的文化图景。他们通过各种形式的文化活动,将福建文化传承给后代,使其在异国他乡依然保持鲜活生机。

2.南洋地区福建人的起源、奋斗历程及对当地社会的贡献

报道深入探讨了福建人在南洋地区的起源背景、奋斗历程以及对当地社会的多方面贡献。透过报道,呈现了福建人在南洋地区建设、经济、文化等方面的不懈努力,展示了他们为当地社会发展做出的独特贡献。

3.福建省同南洋地区的交流与合作

报道聚焦中国福建省与南洋地区之间的交流、合作和互动,详细介绍双方在经济、文化等领域的互利合作关系,突显了双方从经贸合作到文化交流的紧密联系,这种联系不仅使双方在经济上获益,也为文化交流和理解构建了坚实基础。

4.南洋地区福建同乡团体的作用

报道关注福建人在南洋地区建立的同乡团体,通过报道,揭示了这些团体在社会互助、文化传承、促进与中国交流等方面的重要作用。同乡团体(如马来西亚福建社团联合会)为福建人提供了一个紧密团结的社群,促进了他们互相帮助与资源共享,同时也在文化传承方面起到了积极的推动作用。

以上主题反映了新马两国华文报在报道福建软实力方面关注的核心议题,详见表4-1。

表4-1 新马两国华文报有关福建软实力报道的主题

主题	编码	新加坡华文报报道数量	马来西亚华文报报道数量	报道篇数	报道总数
南洋地区福建人对福建文化的传承与弘扬	福建话	26	15	41	132
	福建民俗	10	39	49	
	福建美食	11	31	42	
南洋地区福建人的起源、奋斗历程及对当地社会的贡献	福建人的奋斗历史与成就	0	7	7	11
	福建人对当地社会的贡献	0	2	2	
	福建移民的起源与人口发展	1	1	2	

续表

主题	编码	新加坡华文报报道数量	马来西亚华文报报道数量	报道篇数	报道总数
福建省同南洋地区的交流与合作	福建省与南洋地区的经济交流	1	5	6	17
	福建省与南洋地区的文化交流	0	7	7	
	福建省与南洋地区的经济与文化交流	0	2	2	
	福建省与南洋地区的医疗合作	0	2	2	
南洋地区福建同乡团体的作用	福联会	0	16	16	82
	福建总商会	0	3	3	
	福建会馆	12	51	63	
总数		61	181	242	242

综合来看有关福建软实力的报道,马来西亚华文报的数量远超过新加坡华文报,共计181条,占据所有有效样本的74.8%。而新加坡华文报的相关报道数量为61条,仅占25.2%。从报道的角度来看,有关生活在新马地区的福建人对福建文化传承的报道最为突出,共计132条。其中马来西亚华文报85条,而新加坡华文报则有47条,这些报道涵盖了福建方言、民俗和美食等方面。

而关于新马地区福建同乡团体作用的报道达82条,其中马来西亚华文报占了70条,而新加坡华文报则为12条。值得注意的是,新加坡华文报在南洋地区福建人的起源、奋斗历史以及他们对当地社会的贡献方面表现出较低的关注度。相比之下,马来西亚华文报则从经济、文化、医疗等多个角度报道福建与南洋地区的交流与合作,同时一直关注福建人在马来西亚的移民起源、奋斗史、成就以及他们对当地社会的贡献。

在新加坡华文报发表的相关报道中,关于福建方言的报道最为突出,共26条,占据新加坡所有样本的42.6%,紧随其后的是关于福建会馆的报道,共12条。而在马来西亚华文报发表的相关报道中,关注福建会馆的数量最多,达51条,占总报道数量的28.2%,其后是关于福建民俗的报道,共39条,以及与福建美食相关的报道,共31条,均体现了对福建文化的关注。

第二节　新加坡华文报的热门报道主题

　　在新加坡华文报的福建相关报道中,以关于福建话的报道最为频繁,其次则是与福建会馆、福建美食相关的报道。"福建话"是东南亚华人对闽南语的通称,新加坡的福建话口音根植于同安(今厦门市同安区)的闽南语口音,同时也融入了少量潮州话(同样属于闽南语系),还吸纳了一部分马来语以及一些英语词汇。在语法和语音等方面,新加坡福建话与闽南地区的同安话高度相似,在口语上则与槟城福建话、北马福建话、南马福建话等同属于泉漳混合方言的一部分。

　　19世纪成立的新加坡华人私塾主要用福建话传授儒家经典。随着华文学校普遍采用标准汉语作为教学语言,20世纪初叶,华语逐渐取代福建话成为新加坡华文学校的主要授课语言。20世纪前半叶,大量来自闽南地区的移民涌入新加坡,加速了福建话的传播。20世纪五六十年代,为了更有效地向华人社区传递信息,许多政治演讲和发表会都使用福建话。当时,新加坡呈现出蓬勃发展的闽南文化,包括福建话的"讲古"、歌仔戏以及福建话传媒等。一般认为1979年以前福建话一直是新加坡华人社群的共同语言,许多友族同胞如马来人和印度人也能使用福建话与新加坡华人交流。然而,自1979年起,新加坡政府开始积极推广华语,倡导以华语为主导的教学模式,对各种汉语方言传媒进行了严格审查和禁播,许多方言传媒必须搭配华语才能播放。到20世纪80年代,新加坡逐步取消了华文教育,所有学校普遍采用英语作为主要的教学语言,英语成为新加坡最主流的语言。英语的崛起和华语的推广加速了福建话在新加坡的式微。

　　在与福建话有关的报道中,《联合早报》《早报逗号》的报道数量最多。2013—2014年,《联合早报》的报道以推广福建话学习班的形式为主,致力于传播福建话的知识。2019年以来,随着短视频平台在新加坡受到广泛欢迎,《早报逗号》等媒体开始关注福建话主播引发的各种现象,从流行文化的角度深入探讨福建话的影响和传播。这一转变意味着福建话不仅仅是一门语言,还成为引发兴趣和讨论的文化现象。

　　新加坡华文报也时常报道新加坡福建会馆,福建会馆在新加坡华人历史中占有举足轻重的地位。19世纪初,来自福建的华人移民纷至沓来,他们将家乡文化和传统带到东南亚。为了满足移民社群的社会需求,各地相继成立了会馆。新加坡福建会馆便是在这一历史背景下成立的新加坡第一间会馆，它坐落于直落亚逸(Telok Ayer)的天福宫。除了为新加坡的福建社群提供服务，新加坡福建会馆还积极帮助来自中国其他省份的华人。1929年，陈嘉庚成为新加坡福建会馆的主席。1986年，新加坡福建会馆成为新加坡宗乡会馆联合总会的七家创会会馆之一。其中新加坡福建会馆代表新加坡福建闽南社群；新加坡三江会馆代表来自浙江、江苏和江西的华人社群；新加坡福州会馆代表福州社群；新加坡琼州会馆代表海南社群；新加坡广东会馆代表广东广府社群；新加坡南洋客属总会为客家社群服务；新加坡潮州八邑会馆则为潮州社群提供服务。2014年，福建会馆告别其维持了174年的旧址，迁至尚育中学(Changkat Changi Secondary School)的原址。

在涉及福建会馆的新闻报道中，《早报逗号》《大拇指》的报道居多。新加坡福建会馆为新加坡华人社群做出了诸多贡献，这些贡献在一系列新闻报道中得到了生动体现，主要集中在教育、文化、艺术及宗教四个方面。作为新加坡华人社群的重要组织之一，福建会馆通过开设学习班、文化学院等举措，长期致力于推动华文教育的蓬勃发展。同时，福建会馆也一直为社群提供宗教服务与精神寄托，为信仰活动提供了有力的支持。他们不仅提供了宗教场所，还通过举办讲座、庙会等活动，促进了宗教文化的传承与交流。这些报道内容生动地呈现了新加坡福建会馆为新加坡社群建设多元、丰富的环境做出的卓越贡献，也为后代留下了宝贵的文化遗产。

第三节　马来西亚华文报的热门报道主题

在马来西亚华文报发表的与福建相关报道中，以福建会馆为主题的报道最为频繁，其次则是与福建民俗、福建美食相关的报道。

首先，值得一提的是马来西亚福建社团联合会，简称大马福联会，这是一个由全马各地福建社团联合组成的同乡团体。大马福联会成立于1957年，其宗旨是联合马来西亚各地的福建社团，团结福建同乡，共同谋求福利，并推动文化、慈善和公益事业。1988年，为适应国情，大马福联会将促进各民族团结纳入章程宗旨中，这一举措具有深远意义。此外，马来西亚还有许多地方性福建同乡组织，如雪兰莪暨吉隆坡福建会馆、巴生福建会馆、槟榔州福建会馆、古晋福建公会、森美兰福建会馆、太平福建会馆等。这些组织在各自地区积极发挥作用，促进了福建同乡之间的联系和合作，也在文化传承、社区服务等方面

第四章 新加坡、马来西亚华文报有关福建软实力的新闻报道

做出了重要贡献。

从历史来看,清末民初,中国内部政局的动荡不安迫使许多居住在南方省份的人远赴南洋谋生。初到侨居地的华人强烈依恋地方和血缘关系,因此纷纷组成同乡会馆与宗亲会馆,以便相互扶持、照应。随着越来越多人的到来,为了拓展人脉、取得经济上的便利,加入会馆寻求援助与保护的人也越来越多。会馆为会员提供经济、住宿及谋生技能上的支持,因此也迅速壮大起来。早期的社团大多为秘密结社组织,负责管理寺庙和义山[①]、举办祭祀活动,以满足华人群体的宗教需求;同时,在不触犯法律的前提下,履行制裁和调解纠纷的职能。社团领导人透过复杂的关系网支配社员,社员必须通过领导人与外部沟通,这间接减弱了社员的自主能力。早期的社团完全是自愿组织,但随着英国殖民政府对社团的管制日益加强,自20世纪20年代起,政府开始要求社团依法注册成为正式组织,早期的秘密结社由此逐渐转移到地下进行活动。为了适应环境的变迁,并考虑到全体华人的特殊需求,华人社会在不同时期做出了相应的调整。随着社会经济的多元化和教育的普及,催生了公会、商会、校友会、公益组织和宗教团体等不同类型的组织。如今,选择加入社团的会员已不再只是为了谋生,而是更期望在文化、乡谊和商业等方面加强联系。

《诗华日报》在涉及福建会馆的相关报道方面数量最多,其次为《东方日报》《南洋商报》。马来西亚各州的福建会馆在多个方面发挥着积极作用,包括整理华人迁移史资料、庆祝传统节日、建设青年团、协助建设华文中学,以及举办福建会馆的周年庆等活动。这些活动不仅为当地华人社群提供了文化传承和交流的平台,也在促进社区发展和完成福建会馆使命方面起到了重要作用。另外,值得注意的是,《诗华日报》位于东马的砂拉越,紧邻文莱,由于其发行网络延伸至文莱地区,文莱福建公会也时常成为其报道的热点之一。

福建民俗在新加坡和马来西亚的华人社群中也扮演着极为重要的角色,对当地文化、社会乃至宗教生活产生了深远的影响。这一影响源于19世纪末20世纪初,大批福建移民涌入新马地区,带来了丰富多彩的民俗传统和文化元素。这些传统习俗在新马这片土地上扎下根基,与当地多元文化相互融合,形成了独特的文化景观,也为新马的华人社群建立了强烈的文化认同感。福建民俗在马来西亚的华文媒体中得到了广泛的报道,《诗华日报》作为当地一家具有重要影响力的报纸,更是在这一领域发挥了重要作用。这些报道通常

---

① 义山指的是由东南亚华人民间团体管理的坟地或公冢,是随着华人移民海外而产生的事务。

以精彩的文章和图片向读者展示各种传统节庆和戏曲等,包括但不限于农历新年、拜天公、中秋、关帝庙、书法、泉州高甲戏①、湄洲妈祖②。通过这些报道,人们得以深入了解福建传统文化的精髓,也有机会亲身参与庆祝这些活动,进一步传承和弘扬这些珍贵的传统文化。此外,这些华文报纸还特别关注传统文化的传承,通过新闻特别报道和专题文章,努力传达福建民俗背后的历史、文化和价值观。这有助于这些宝贵的传统在新加坡和马来西亚继续传承下去,也有助于促进不同族群之间的文化交流与共融。总的来说,福建民俗在马来西亚的传承和传播通过华文媒体发挥了积极作用,不仅保留了宝贵的文化遗产,也促进了社群之间的互动和文化的多样性发展。

---

① 高甲戏以闽南语为媒介语进行表演,是福建的主要剧种之一,最初起源于合兴戏,发源于福建泉州,流行于福建闽南地区和东南亚华裔闽南人聚居之地。
② 湄洲妈祖祖庙位于福建省莆田市湄洲岛,始建于北宋雍熙四年(987年),是妈祖文化的起源地。

第五章
探析新加坡、马来西亚华文报有关福建软实力的新闻报道主题

新加坡与马来西亚的华文报一直以来都对福建软实力相关内容保持着高度关注。尽管在报道主题上存在些许差异,但两国华文报普遍关注南洋地区福建人在传承和弘扬福建文化方面做出的努力,同时关心南洋地区的福建同乡团体。

第一节 新加坡、马来西亚福建人的中华文化传承

新加坡华文报社在新加坡这个多元文化融合、充满活力的国家中,以其坚持创新、与时俱进的精神,在传媒领域发挥着极为重要的角色。马来西亚华文报的总部大多设在华人人口较多、文化底蕴深厚的城市,如吉隆坡、槟城、古晋等。这些城市不仅成为报社的运营中心,还承载着浓厚的历史和文化底蕴,为生活在这些地区的华人社群提供了丰富的信息和文化交流平台。这些新马华文报在记录当地华人社群的历史、文化传统和社会动态方面发挥了不可或缺的作用,通过深入报道和组织文化活动,报社帮助居住在这些地区的华人保持与自己的文化根源之间的紧密联系。

新马福建人作为华人社群的重要组成部分,积极致力于中华文化的传承,不仅在异国他乡保留着丰富的传统,还在新的环境中发扬光大,为后代继承者铺就了一条文化传承的道路。新马福建人通过语言、文化活动、传统艺术、宗教、教育等多种途径,积极传承和弘扬中华文化。他们以实际行动展现着对文化传统的尊重和承诺,为中华文化在新的土地上焕发新的生机贡献着自己的力量。这种传承努力不仅连接了福建籍华人,也为整个社会注入了丰富的文化多样性和传统智慧。

1.语言传承

福建同乡团体在新马的发展历程中,一直以来都高度重视推动华语以及包括福建话在内的各种方言的传承。这种传承不仅包括语言本身的保存,还包括文化、传统和价值观的传递,从而为福建籍华人社群在异国他乡的融合和发展提供了坚实的基础。尽管相较于马来西亚,新加坡华文报报道与福建相关的话题数量略低,但新加坡华文媒体在语言传承方面的报道始终没有空隙。一方面,这些报道持续关注当地生产的原创影视类内容是否保留了福建方言;另一方面,及时报道同乡团体组织的各种社交活动、庆典、讲座等,为福建籍华人提供使用福建话的平台,使这一方言得以保留和流传。通过福建方言的交流,不仅增进了同乡之间的联系,也让新一代有机会了解和学习这一独特的语言。

新加坡的影视剧中有相当一部分都使用福建方言表演,在对这些影视产品进行媒体宣传和推广时,"福建话"的使用往往是其中常见的信息。例如,新加坡媒体《联合晚报》2015年05月29日发表《梁志强、李国煌师徒4年再合作》(索引号:S联晚20150529002)一文,报道了新加坡知名导演梁志强为配合新加坡独立50周年推出电影新作《我们的故事》,该片描述了新加坡独立前后国人居住环境经历的从"甘榜"[①]转型到政府组屋的过程,描绘了新加坡50年来的社会变迁,片中的女主角陈丽贞有很多福建话台词,身为福建人的她首次用地道的福建话"迎战",不讳言有压力,该片另一演员王雷则表示,相比于讲华语台词,福建话台词正中他的下怀。

随着抖音海外版Tik Tok在新加坡的广泛流行,短视频内容以及由此培养起来的一些新加坡网络红人也与福建话有着密切的联系。《早报逗号》《大拇指》等媒体纷纷关注这一现象,并进行了报道,凸显了福建话在现代社交媒体平台中崭露头角及其吸引力。尤其值得一提的是,2021年08月25日,《早报逗号》刊登文章《她用抖音教方言》(索引号:S逗号20210825005),讲述了新加坡国立大学大二学生王依婷的故事,她通过Tik Tok录制福建话短视频,不经意间引起了轰动。在短视频中,她与外婆以福建话互动、逗趣,这一创意使她的粉丝数量在短短两个月内从几百个增加到超过2.5万个。令人欣慰的是,观看这些视频的群体也包括许多中小学生,因此王依婷的走红不仅让方言

---

① 甘榜(Kampung)是一个马来语词,通常用来指代马来西亚、印度尼西亚和其他东南亚国家的村庄或乡村地区。这个词也有时用于新加坡和菲律宾。甘榜通常指由一群家庭或社区组成的小型居民区域,一般有自己的社会结构和文化特点。

走入年轻人的视野,也激发了年轻人学习方言的兴趣。由于她的视频备受欢迎,王依婷保持了对创作的热情,定期在 Tik Tok 上更新福建方言视频,内容主要涵盖福建话的常用单词和短语,进一步推动了福建话的传承和普及。

正如前面提到的,新加坡的《大拇指》《早报逗号》都是以青少年读者为主的华文报,在报道形式与内容上都是从这些读者的视角出发,例如,《大拇指》和《早报逗号》2018 年 12 月 14 日发表文章《外婆孙女尝试掌握彼此擅长语言》(索引号:S 拇指 20181214002、S 逗号 20181214003),讲述两代人打破语言障碍的故事。廖忆瑄与外婆黄美同住,却常因语言不通而发生口角,忆瑄平日多用华语和英语与人交谈,但外婆比较习惯使用福建话,祖孙二人将参与全新系列视频节目"祖孙 PK 大挑战",并在节目中尝试克服自己面对的语言障碍,在 10 天内掌握彼此较擅长的语言。新加坡通过年轻人喜闻乐见的媒体内容,让年轻一代通过"语言"来拉近彼此之间的理解。

此外,新加坡还通过华裔名人的影响力来传播福建话。例如,2016 年 02 月 15 日,《联合晚报》刊登文章《CNBLUE 狮城开唱,秀林俊杰所教福建话》(索引号:S 联晚 20160215001),报道了林俊杰教授福建话和普通话,向粉丝拜年。这一报道突显了林俊杰等知名艺人在传承福建文化和语言方面的积极作用,为福建话的传播和保护提供了有力支持。

在马来西亚,"福建话"相关话题频繁出现在当地华文报道中。这些媒体经常关注福建话的文化传承、社群活动以及福建籍华人在保护和传播这门语言方面所做的努力,为推动福建话在马来西亚的传承和发展提供了有力的支持。一些新闻聚焦福建话在马来西亚制作的电影、音乐剧等领域的应用,多家马来西亚华文报常年关注福建话推广的相关活动,如福建话演讲比赛、福建话家庭教育等。2015 年 12 月 29 日《光华日报》发表文章《福建话电影〈海〉坚守文化情感,杜可风要把槟城带给世界》(索引号:M 光华 20151229001)的文章,以下是文章的主要内容:

> 世界第一部槟城福建话电影《海墘新路》明年 01 月开拍,槟城福建话占全剧对白的 96.8%。知名摄影师杜可风吁槟紧守本身文化特色,拒沦文化连锁店。"每个城市都有自己的个性、特质。电影对白用道地福建话,就是语言的旋律。这是本地人的沟通方式,是这里的文化、习惯和传统。"《海墘新路》是本地名导苏忠兴的自传式电影。酝酿 7 年终在去年乔治市入遗庆典,以舞台剧形式面世,并于周一在修复中的前大华戏院前,举行开镜仪式。被誉为"王家卫御用摄影师"的杜可风虽非首次来槟,这

次却是第一次抵槟拍摄电影。作为《海》掌握镜人,杜可风打趣说导演负责演员和工作人员,自己则负责场地。场地场景才是主角,能带出电影的故事……苏忠兴坦言本身成长期,身边人都以槟城福建话交谈,偶尔加插一点英语。可是,拍摄这部电影最大挑战,就是现下已经很难找到,说得一口道地福建话的本地演员了。实际上,苏忠兴此话一点不假。因为据《2009年至2013年乔治市人口与土地用途转变报告》,乔治市近年不但面对人口流失、老槟城迁出古迹区的挑战,语言媒介也渐起变化,以福建话、广东话等母语沟通的家庭逐减……

这篇报道主要聚焦于本地方言电影《海墘新路》的开机仪式,同时深入探讨了拍摄地点槟城面临的福建话人口急剧减少的问题,以及与之相关的社会性语言传承挑战,报道突出了电影的文化意义和导演的呼吁,强调了福建话作为一种珍贵的文化遗产的重要性,以及如何应对当地语言面临的困境。另外,马来西亚其他电影中对福建话使用也出现在新闻报道中,如张吉安导演的电影《五月雪》等。

由槟榔州福建公会举办的福建话演讲比赛连续两年出现在《光华日报》的报道中。2021年05月09日,《光华日报》发表文章《陈坤海:槟城福建话日渐式微,家长应使用方言与孩子沟通》(索引号:M光华20210509001),报道了槟城州福建会馆主席丹斯里陈坤海鼓励家长在日常生活中使用福建话与孩子交流,以努力挽救槟城福建话。根据报道,陈坤海在出席2021年"好胆你就来"槟城福建话演讲比赛颁奖典礼时,强调家长除了平时使用三语与孩子交流外,也应尝试用福建话与他们对话。福建话演讲比赛的目的在于唤起槟城居民对槟城福建话逐年式微的警觉性,以免该方言陷入没落。此外,槟州福联青团长吕孙川表示槟城福建话具有特色和独特的味道,并提出以鼓励和奖励来推动其传承的办法。2022年07月10日,《光华日报》发表文章《常年办福建话演讲比赛,陈坤海:维护传承历史文化》(索引号:M光华20220710001),再次关注了福建话演讲比赛。槟榔州福建公会联合当地高校的专业评审成功举办了这项比赛,并引用了槟城华人大会堂主席陈坤海的观点:方言在传承历史文化方面具有独特的作用,如果大家能够使用福建话与孩子进行交流,那么槟城方言母语就不会消失,而会得以永久传承下去。这再次强调了福建话在文化方面的重要性和传承价值。这些报道通常会融合华人家庭的教育和沟通方式,以建立华人文化传统与福建话传承之间的紧密联系。

新加坡与马来西亚的华文报纸普遍以福建话的使用环境为切入点,深入探讨了语言文化传承、福建话的地位和挑战,以及社群的不懈努力和活动,力求全面而深刻地呈现给读者。福建话在这样的语境下是显然的文化载体,他们所属族群的丰厚文化内涵与社会文化特征也都蕴藏其中。在新加坡和马来西亚社会中,英语、马来语、汉语都是主要的交流语言,方言的使用机会逐渐减少,福建话作为很多新马华裔的传承语习得始于家中,若家庭无法提供传承的可能,那么这门方言也有可能失传。这些媒体不仅关注到了一些积极的现象,也提醒了新一代华人语言传承的重要性。

2. 文化活动与传统艺术

从新马华文报道中可以看到,当地政府机构及福建同乡团体通过举办各种文化活动,如庆祝农历新年、清明节、中秋节等传统节日,弘扬了传统宗教、风俗和习惯。这些庆典不仅让成员感受到家乡的味道,也让年轻一代了解了中华文化的根源。例如,2020年01月20日,新加坡《早报逗号》发表文章《传承华族文化及生活习惯,春节民俗未必是"迷信"》(索引号:S逗号20200120002),介绍新加坡华人庆祝春节的习俗和春节期间的活动。2022年01月07日,《诗华日报》发表文章《沙纳福建社团联合会下月办理事就职暨新春大团拜》(M诗华20220107001),报道沙巴及纳闽福建社团联合会近期将举行新一届理事会宣誓就职典礼暨新春大团拜。

福建戏曲传入南洋后,迅速得到当地华人的喜爱,其演出仍保持了原汁原味的中国戏曲风貌。从另一个角度来看,南洋华人社群的形成为福建戏曲向南洋传播创造了条件,因此,南洋地区成为福建戏曲海外传播的重要区域。改革开放后的30多年,福建歌仔戏出访东南亚日趋频繁,在联络乡情、传播文化、促进经济发展等方面都有着十分重要的贡献。① 王汉民在其专著《福建戏曲海外传播研究》中指出:"福建戏曲从明清时期开始出访海外,至20世纪初达到高潮,……出访剧团以经典的剧目、精湛的演技、精美的舞美设计赢得了海外观众的广泛赞誉,为联络海外乡亲、传播中华文化、促进经济发展等发挥了十分重要的作用。"② 关于福建戏曲的新闻也成为新马华文报关注和报道的重要内容。

2014年02月04日,《联合晚报》刊登文章《买票要看17天大戏,人"走"了,位照留》(索引号:S联晚20140204002),讲述了新加坡75岁女戏迷吕金治

---

① 潘培忠,王汉民.福建歌仔戏向东南亚传播的历史回顾与探析[J].东南亚纵横,2012(4):59-63.

② 王汉民.福建戏曲海外传播研究[M].北京:中国社会科学出版社,2011:1.

老婆婆的感人故事。她购买了一张为期17天的福建大戏演出票,然而不幸的是她在大年初二病逝了,城隍庙特意为她保留了座位。而在2014年03月02日,《联合晚报》发表文章《百年福建戏班新赛凤,后晚告别戏台走入历史》(索引号:S联晚20140302003),聚焦了新赛凤这个新加坡唯一传承了四代人的家族剧团,向人们展示了其在戏曲历史中的重要价值。

在马来西亚,华文报也积极关注各类福建戏曲演出。比如2015年08月17日,《华侨日报》发表文章《高甲戏亚庇演出,马中文化交流又一盛事》(索引号:M华侨20150817001),报道中国驻亚庇总领事陈佩洁出席了在沙巴举办的泉州高甲戏公演开幕式。在中马两国友好合作的大环境下,越来越多的友好交流活动得以展开,福建泉州高甲戏传承中心派团来马来西亚演出也成为这类交流活动的一部分。高甲戏与沙巴本地戏曲有着许多共通之处,这次演出也将推动中马文化交流和友谊的深化。总领事陈佩洁表达了她对演出精彩呈现并推广民族传统文化的期许。2018年02月25日,《中国报》刊登文章《惠胜集团与狮子会安排 50 乐龄者一睹闽南风采》(索引号:M中国20180225002),报道了惠胜集团与马六甲狮子会合作,共同安排50名当地乐龄人士前往观赏"闽韵流芳"福建闽都新春关爱喜庆演出。这些新闻报道生动地展现了福建戏曲在新马地区的受欢迎程度与传承情况。通过这些演出活动,不仅促进了中马文化交流,也让更多的人领略到福建戏曲的魅力,从而满足了当地观众对传统戏曲的热切追求,为民族传统文化的传承与发展贡献了一份力量。

前述报道主要聚焦于以单一的文化形式来呈现福建文化。在《光华日报》2017年01月12日发表的文章《"古典槟城"福建周开幕,方万春:负起传承责任,为下一代保留福建文化》(索引号:M光华20170112001)中,我们可以看到在马来西亚,"福建"不仅是一个身份符号,也是一个包容了广泛区域文化概念的代表。通过系统性的呈现形式和现象,这篇报道有力地推动了福建文化的传承和普及。以下是文章的主要内容:

> 一碗"碗仔粿"唛出福建文化精髓,"古典槟城"福建周开幕,以古早味、消遣玩意和事迹,给下一代保留最珍贵福建文化。"古典槟城"向来以传承、回顾和展示传统为宗旨,福建周是古典槟城推动以来的第四个主题周,开幕仪式更全面以福建话为媒介语,增添趣味。大会主席拿督方万春周三为福建周开幕时指出,凡事都有第一次,虽然本身首次以福建话致辞,但槟州以福建籍为最多族群,州内华裔日常媒介语中,80%是福建

话……他指出,古典槟城与州内各大社团合作,目的是让各籍贯文化得以传承,在各个会馆团结及坚定于文化传承下,古典槟城从周一至今,每个主题周堪称周周精彩。福建周精彩开幕,槟旅游发展委员会主席罗兴强指出,制造业受全球经济气候影响,表现衰退。旅游业将成为支撑槟州的重要工业,这让乔治市文化传承更是任重道远……

福建同乡团体是福建文化与传统艺术保护与推广的中坚力量。这些团体通过丰富多样的举措,积极培育传统艺术的传承氛围,不仅满足了中老年群体对"乡愁"的深沉情感寄托,也着力培养了新一代的艺术人才。在他们的引领下,一些富有福建特色的传统艺术在新马地区得到了更为广泛的关注、认可与尊重。这样的努力不仅仅是对传统文化的传承,也是为了让这片土地上的福建文化继续焕发光彩,为后代传承下去。因此,福建同乡团体在推动新马地区福建文化的繁荣发展中发挥着不可或缺的作用。此外,中国使馆也积极走入当地华人社区,通过福建文化形式与当地华人社区建立起密切的联系。通过福建文化形式的展示与推广,使得福建传统艺术得以在海外华人社区中得到传承与发扬,这种积极参与不仅加深了中国使馆与当地华人群体的情感纽带,也为福建文化在国际间的传播添砖加瓦,让福建文化在海外蓬勃发展。

3.福建美食

民以食为天,美食的报道往往能引发广大群众浓厚的兴趣。这种以美食为媒介的文化交流不仅丰富了当地居民的生活体验,也加深了彼此的友谊与理解。值得一提的是,新加坡与马来西亚涌现了许多以"福建""福州"等地名命名的当地美食,这也成为文化传承和融合的一种独特人文景观。新马在美食上也存在明显的代际传承现象,一方面,这是一门"手艺",另一方面,这是一种"情感传承"。一代代人通过烹饪技艺的传承,承载了家族的记忆和情感,让每一道美食都成为一种珍贵的传统。在新马华人社区中,许多家庭都以独特的烹饪手法将祖先的味道传承下来。例如,槟城的娘惹家庭以其独特的咖喱风味闻名,而新加坡的潮州人则以海鲜烹饪和椰浆饭为特色。随着时间的推移,这些美食传统也逐渐融入了现代元素。现今的厨师们不仅延续了传统手艺,还融入了创新和现代烹饪技术,使得新马美食不断焕发出新的生机。

新加坡自 2018 年 02 月成为联合国教科文组织《保护非物质文化遗产公约》的缔约国以来,表现出对非物质文化遗产的重视和承诺。同年 04 月,新加坡迅速启动了"新加坡文化遗产计划",并由国家文物局于 2018 年 04 月公布首批非物质文化遗产清单。2023 年 05 月,新加坡延续了这一计划,推出了

"新加坡文化遗产计划2.0"。在过去的5年中,这一计划为不少致力于保护和传承新加坡非物质文化遗产的个人和团体提供了支持和认可。其中值得一提的是"新加坡非物质文化遗产传承人奖",该奖项授予了许多在保护和传承新加坡国族记忆与传统方面做出杰出贡献的个人和团体。2020年07月29日,《早报逗号》发表文章《传承美食要看"心"》(索引号:S逗号20200729004),报道了首届"新加坡非物质文化遗产传承人奖"颁予了致力于保护和传承福建传统美食——薄饼的郭金地的消息。这一荣誉认可了他在非物质文化遗产领域做出的卓越贡献。郭金地,祖籍中国福建,是新加坡83年老字号"郭源发如切薄饼"的第三代传人。他的传承工作不仅是一种集体文化的传承,更是一代人的共同记忆和身份认同的体现。同年08月24日,《大拇指》刊发文章《品尝薄饼的文化》(索引号:S拇指20200824002),深入报道了郭金地传承薄饼文化的故事。这篇文章展现了薄饼背后的文化价值和历史渊源,以及郭金地作为文化传承人的执着和努力,为新加坡的非物质文化遗产保护树立了榜样。

这些努力和报道为新加坡非物质文化遗产的传承工作提供了重要的推动力,也唤起了人们对自身文化传统的关注和珍惜。文化遗产的传承不仅让新加坡的文化变得更加丰富多彩,也为下一代留下了宝贵的文化遗产。福建美食也是新马小贩中心①引来新闻关注的焦点之一,如新马两地不同做法的福建面,福建美食的受欢迎程度也反映在各类美食活动中,在新马地区举办的美食节和烹饪比赛中,福建美食往往是备受瞩目的项目之一。厨师们通过创新和传统技艺的结合,为福建美食注入了新的活力,使其在时代变迁中保持了吸引力。

2016年08月10日,《中国报》发表文章《后日"下南洋,传乡音"8天文化盛事邀您参与》(索引号:M中国20160810003),报道了由培风中学华乐团承办的为期8天的"下南洋,传乡音"活动。这次活动包括展览、讲座、手作坊等多个环节,旨在探讨福建人在南洋生活的历史与文化。值得一提的是,马来西亚知名乡音采集人张吉安也受邀参与并展览,他精心挑选了10个音箱,将福建乡音的宝贵传承呈现给观众。此外,活动还邀请了当地著名的饮食考古文化专家,为大家作了题为"马来西亚福建人饮食文化异变"的讲座。通过讲座,

---

① 小贩中心是由政府兴建的室外开放式饮食集中地,售卖的食品物美价廉、种类繁多,以东南亚熟食及饮品为主,常见于新加坡、马来西亚的各大社区。2020年12月06日,联合国教科文组织保护非物质文化遗产政府间委员会正式宣布新加坡小贩文化被列入非物质文化遗产代表名录,成为新加坡历史上首个列入联合国教科文组织"非物质文化遗产代表名录"的项目。

出席者们得以深入了解传统福建美食，以及祖辈们在南洋生活如何保留并融合福建美食的精髓，进而创造出原乡福建没有的独特菜单和食谱。这次活动不仅为人们提供了一个了解福建文化的机会，也使参与者更加珍视自己的传统与根脉。

另外，马来西亚各州也积极举办与福建美食相关的美食节、品尝会等活动。比如，2019年08月06日，《星洲日报》发表文章《福建美食：7日古晋节登场》（索引号：M星洲20190806001），报道了古晋福建公会妇女组将推售福建五属籍贯传统美食和糕点。2019年09月17日，《华侨日报》发文报道了第九届全州福建美食烹饪赛暨品尝会（索引号：M华侨20190917004）。再如，2021年12月17日，《星洲日报》发表文章《巴生福建会馆汤圆品尝会，29传统佳肴飨嘉宾》（索引号：M星洲20211217002）。2022年05月29日《星洲日报》也发表文章《传扬福建美食烹饪品尝会10月复办》（索引号：M星洲20220529006），报道了沙巴州福建美食烹饪比赛及品尝会于10月24日恢复实体举办。这些报道中提到的活动不仅为当地民众提供了品尝福建美食的机会，也促进了福建文化的传承和交流。通过品尝美食、参与活动，人们更加深刻地了解到福建美食的丰富多样性，也更加珍惜这份文化遗产。这些活动也为不同族群间的文化交流提供了一个宝贵的平台，促进了社会的和谐与融合。

第二节　新加坡、马来西亚福建同乡团体的建设与发展

新加坡和马来西亚的华文报均有不少报道是围绕福建会馆等同乡团体，新马福建同乡团体的建设与发展，是一段承载着福建籍华人深厚情感和历史使命的故事。随着时间的推移，福建人同乡团体在新马两国茁壮成长，不仅见证了福建籍华人的凝聚力，也在文化传承、社会服务、教育推动等多个领域扮演着愈发重要的角色。这个群体凭借对家乡的深沉热爱，以及对中华民族文化传承的使命感，携手助力福建人的福祉，同时也为两国的友好交流与合作贡献了积极力量。新马华人领袖不仅代表着华人群体共同的需求和目标，也为区域的稳定与繁荣发展注入了强大的动力。福建同乡团体作为一个紧密团结的群体，从早期的初创阶段开始，就为福建籍华人提供了一个有归属感的家园。这些团体的发展，不仅见证了华人在异国他乡的融入与成长，更反映出他们在新的环境中保留和传承家乡文化的决心。通过文化交流、举办庆典和慈

善活动等途径,福建同乡团体为成员们提供了一个共同的文化背景,同时构建了一个相互支持的社会网络。

而在社会服务方面,福建同乡团体也在历经岁月洗礼后逐渐崭露头角。通过捐助学校、设立奖学金、支持慈善事业等举措,这些团体不仅关注本族群的发展,也回馈所在社区。发生重大灾害时,他们积极组织筹款和救援行动,传递人道关怀与社会责任。同时,福建同乡团体还在教育领域发挥着重要作用。创立学校、设立奖学金、推动青年交流等活动,有力地推动了新一代福建籍华人的学习与成长。这些团体不仅为青年提供了学术支持,也培养了他们的社会责任感和文化自信。总的来说,新马福建人同乡团体的建设与发展既是福建籍华人凝聚力的体现,又是华族文化传承的守望者。他们以扎实的行动,践行着对家乡的情感,书写着新马两国友好的篇章。随着时代的演进,福建同乡团体必将继续为两国社会的繁荣进步做出积极贡献。

1.新加坡福建同乡团体

福建公会是新加坡最早以社区命名的华人组织之一,因此其成立背景与社区有着密切关系。在新加坡独立之前,各社区缺乏基层组织,郊西区(包括武吉班让、蔡厝港、林厝港、河裕廊)只是一片简朴的乡村,乡亲们需要一个聚会场所来加强情感联系,在这一背景下,先贤梁光南、梁后宙、黄种行、王可味、陈炳成等倡议创立了福建公会,旨在促进同乡之间的情感联系,弘扬互助互惠的精神。自成立以来,公会始终以会员福利为首要目标,积极为社会做贡献,设立奖学金,推广芗剧表演艺术,发放岁金,积极支持和参与有意义的社区和全国性活动,为新加坡的福建人提供交流平台,并为不同的群体提供服务。公会的历程也映照出在一段在移民社会扎根的经历,以及在政治变革中的变迁。从初创时的"华侨"身份逐渐演变为获得公民权的移民或第一代土生土长的"新加坡人"。随着时光的推移和社会的发展,新加坡已然成为一代代华人移民的真正故乡。大多数新加坡福建人的祖先主要来自福建省的泉州和漳州地区。

(1)新加坡福建会馆

19世纪初,众多福建人从中国大陆移民至东南亚,并纷纷在当地设立会馆,以满足移民社群的社会需求。新加坡福建会馆作为新加坡的第一座会馆也应运而生。它坐落于直落亚逸的天福宫,除了关注本地福建社群的需求,也积极协助来自中国大陆其他省份的华侨。1929年,社会企业家、慈善家陈嘉庚担任新加坡福建会馆主席。1986年,新加坡福建会馆成为新加坡宗乡会馆联合总会的七家创始会馆之一,这七家会馆分别代表了不同的华侨社群:新加坡福建会馆代表福建闽南社群;新加坡三江会馆代表来自浙江、江苏、江西的华侨社群;新加坡福州会馆代表福州社群;新加坡琼州会馆代表海南社群;新加坡广东会馆代表广东广府社群;新加坡南洋客属总会服务于客家社群;新加坡潮州八邑会馆则为潮州社群提供支持。2014年,福建会馆将总部从坐落于直落亚逸街的拥有174年历史的古址搬迁至尚育中学原址。新的总部还包括由新加坡福建会馆管理的幼儿中心和文化大厦。

自成立以来,新加坡福建会馆一直积极参与新加坡的教育事业。1906年,该会馆创立了第一所附属学校——道南学校;1912年,创办了爱同学校,而1915年则见证了崇福女校(现崇福学校)的创立。1947年,南侨女子中学兼附属小学(今南侨小学和南侨中学)成立,而1953年则迎来了光华学校的创办。这6所附属学校一直致力于传承中华民族文化与价值观,长期在新加坡华人社群中扮演着极其重要的角色。1955年,该会馆捐地兴建南洋大学,后来与其他学府合并成现今的新加坡国立大学。除了在教育领域,新加坡福建会馆在文化和宗教领域也发挥着重要作用,管理着4座寺庙,即新加坡天福宫、梧槽大伯公庙、金兰庙和麟山亭北极宫。

新加坡福建会馆以多项实际行动展现了对新加坡教育事业的卓越贡献,这些均体现在一系列的新闻报道中。比如,2016年09月18日,《联合晚报》发表文章《福建会馆"双文化课程"将拓展至5小学》(索引号:S联晚20160918006),提到福建会馆会长蔡天宝宣布,新加坡福建会馆的"双文化华文优选课程"已迈入十周年,将在未来扩展至多达5所小学。而在2019年10月22日,《早报逗号》发表社论《传承先辈办学精神》(索引号:S逗号20191022006),报道南洋理工大学将人文学院大楼冠名为"新加坡福建会馆楼",并正式将道路更名为"陈六使径",以纪念南洋大学创始人陈六使和他领导的福建会馆对推动本地文教事业做出的重要贡献。这一举措不仅是对历史的崇高敬意,也是社会团结的重要举措。尊重历史必须以澄清和承认事实为前提,这样才能名正言顺。通过梳理历史事实,可以减轻不必要的负面情绪,使人民更加团结。在庆祝新加坡开埠200周年之际,这个命名仪式具有特殊的意义,但更为重要的是如何将历史传承下去。

在方言传承方面,新加坡福建会馆也扮演着十分重要的推动者角色。2022年02月09日,《早报逗号》发表文章《学方言破隔阂》(索引号:S逗号20220209001),介绍了新加坡福建会馆文化学院开办的福建会话课程。此外,他们也在文化传承方面起到了积极的作用。如2022年06月03日,《大拇指》发表文章《我们也能包粽子》(索引号:S拇指20220603002),报道了新加坡福建会馆文化学院举办的端午节庆祝活动。2021年11月29日,《大拇指》与《早报逗号》都发表文章报道新加坡福建会馆以崭新模式举办了华人社区家庭日,活动主题为"福建足迹知多少",在新加坡全岛的34个地点设置了各种游戏站点,通过站点打卡的形式介绍福建籍新加坡华人社群的相关历史与文化(索引号:S拇指20211129003、S逗号20211129007)。

2. 马来西亚福建同乡团体

(1)马来西亚福建社团联合会

马来西亚有不少以福建籍华人为主体的地方性社团组织。这些团体的成立通常是为了促进福建籍华人之间的联系、合作和互助,同时在文化、教育、慈善和社会事务等方面发挥作用。其中规模最大的数马来西亚福建社团联合会,简称大马福联会。大马福联会创立于1964年,由全马范围内的各地福建社团联合组成,目前拥有215个会员组织。其宗旨在于联合马来西亚各地的福建社团,团结福建同乡,共同谋取福祉,推进政治、经济、文化、教育和慈善公益事业。1977年,大马福联会设立了大学奖学金,旨在奖励成绩优异、家庭贫困的同乡子女,迄今已拨款超过300万令吉。1978年,该联合会创立了青年团,以联系各地属会的青年组织,团结同乡青年,促进青年活动的开展。1995年,大马福联会设立妇女组,以加强各地属会妇女组织的联系并推动妇女活动的进行。

1989年,在《南洋商报》的协助下,大马福联会发起了一项全面的计划,旨在收集各地福建会馆及先贤们在兴办学校教育方面的贡献和历史。在该报的组织下,各地的记者和通讯员积极参与,并与福联会各地属会协调配合,进行搜集、采访和撰稿工作,经过4年多的时间,于1992年为马来西亚福建社团联合会出版内刊《马来西亚福建人兴学办教史料集》。该史料集具有极高的参考价值,记录了福建同乡在推动教育事业发展方面的历史贡献和光辉历程。2000年,大马福联会在吉隆坡市中心成功购得一块永久地段,用于兴建会所大厦。同年06月,启动会所基金筹募工作,在全国各地的属会和同乡贤达中展开巡回访问,共筹得400万令吉资金。2003年底,会所大厦完工;2004年08月初,迁入新会所办公,并于08月18日举行会所大厦的落成开幕典礼。

近年来,马来西亚福建社团联合会为福建乡亲做出了极大的努力和贡献。他们不仅在史料整理方面展现了出色的工作能力,为一些地方的华人博物馆提供了更为系统化的资料与展品,也在教育关爱、社群互动等多个层面为乡亲们给予了有力支持。值得一提的是,2021年10月27日,《南洋商报》发表文章《林福山:福联会拟隆会所建文史馆》(索引号:M南洋20211027005),报道了马来西亚福建社团联合会计划在吉隆坡会所内建立一所文史馆,旨在让马来西亚人了解中国福建人在马来西亚谋生及扎根的历史。2022年05月20日,《星洲日报》发表文章《推会庆标志,提升归属感,福联会系列活动庆周年》(索引号:M星洲20220520005),报道了马来西亚福建社团联合会65周年会庆系列活动。这些活动不仅表彰了各领域福建同乡的优异表现,也传承了福建文化、语言及习俗,同时推广了旗袍文化,还为"拉曼大学医学院基金"发起了筹款活动。另外,同年05月30日,《南洋商报》发表文章《福联会四驱车队联谊之旅抵巴生,为优大医学院建筹10万》(索引号:M南洋20220530022),报道了马来西亚巴生福建会馆向拉曼大学医学院基金捐献了6.5万令吉。马来西亚福建社团联合会副总会长暨筹委会主席拿督郑源炳强调马来西亚福联会65周年蓝宝石禧大庆对全马福建人来说是一场盛事,呼吁福建乡亲共同参与。

此外,马来西亚福建社团联合会与福建省也保持着频繁而务实的联系。举例来说,2022年02月26日,《南洋商报》发表文章《林福山:发挥海外社团优势,福联会助力泉州招商》(索引号:M南洋20220226013),报道了马来西亚福建社团联合会为泉州市港澳台侨商及异地商会招商动员部署会大马分会场的主办方。福联会总会长丹斯里林福山表示,马来西亚有能力成为泉州在海外的人才培训点以及智库建设点,在中国崛起的过程中,海外社团将承担更为重大的任务和使命。

(2)槟榔州福建会馆

位于马来西亚槟城乔治市的槟榔州福建会馆,其历史可追溯至1959年05月29日。其前身是槟榔州福建联合会。这个同乡联合会最初由苏承球等人领导,汇集了各个福建乡团的力量,共同倡导成立了福建联合会,简称福联会。创立之初,该会馆的临时办事处设在晋江会馆。经过一段时间的发展,福联会在1961年获得了注册官方的批准。起初,福联会只有13个乡团会员,后期才吸纳了福商公会作为其成员。1966年,福联会召开了一次会员大会,代表各乡会单位出席会议并达成共识,决定招收个人会员,以加强组织的力量,扩大成员阵容。遵循当时社团注册的官方指示,福联会必须更改名称,并重新申请注册。1968年,会馆经过注册局的批准,正式改名为"槟榔州福建会馆",会馆由此在法律上得到确立,并以新的名称继续它的使命和活动。

槟榔州福建会馆的宗旨在于团结福建同乡,共谋同乡福利,同时促进地方社会的公益事业。在会馆的理事会与会员的精诚团结、群策群力以及各属会的支持与合作下,会务不断取得发展。为了适应不断扩大的阵容与会务需求,会馆设立了敦谊组、青年团以及慈善基金委员会。90年代初期,人们普遍认为福建会馆缺乏自己的会所,不利于会务的开展,也不再适应时代需求。已故

图 5-1　位于马来西亚槟城乔治市的槟榔州福建会馆
（Persatuan Hokkien Pulau Pinang）

丹斯里骆文秀在一次会议上呼吁大家捐赠建会基金，得到了全体同乡的热烈响应。在理事会的共同努力下，福建会馆于 1996 年竣工；1998 年 10 月 16 日，槟榔州福建会馆大厦举行了盛大的落成揭幕典礼。曾任主席的骆永基在周年纪念活动中强调，会馆落成后将根据法定计划设立体育活动中心，为年轻同乡提供各种有益的身心活动。慈善基金委员会也将开展协助教育、慈善和社会福利等工作，致力于创造一个充满爱心的社会，倡导孝道精神。基于这一远景，会馆从 1997 年开始为合格的会员子女提供无息贷款，培养社会所需的人才。

在继任主席陈火炎的领导下，会务继续蓬勃发展，除了联络同乡，共谋福利外，会馆还推动社会公益与慈善教育事业，每年都投入资金赞助各学校和慈善机构，如南华医院（青草巷病老院）、孤儿院等，为创造充满爱心的社会贡献力量。2000年,会馆进行了新一届的领导人选举,骆南辉乡贤当选主席,林玉唐连任慈善基金委员会主席。妇女组也于2007年10月正式成立。

目前,槟榔州福建会馆拥有14个乡会团体,分别是惠安公会、晋江会馆、安溪会馆、南安会馆、漳州会馆、龙岩会馆、兴安会馆、北马永春会馆、惠北同乡会、福商公会、惠南联乡会、北马永定同乡会、同安金厦公会、福州公会。个人会员约1500名,入会人数逐年增加。这些成就展示了槟榔州福建会馆在团结同乡、促进社会公益和传承文化方面做出的重要贡献。举例来说,前面谈到的《光华日报》有关"古典槟城"福建周活动的报道(索引号:M光华20170112001)便由槟榔州福建会馆主办。此外,2019年02月09日,《光华日报》发表文章《探讨开办闽南语班,梁伟宏:续推广福建文化》(索引号:M光华20190209001),报道了槟榔州福建会馆开办闽南语班,引导槟城学生使用福建话。槟榔州福建会馆总务准拿督梁伟宏表示,他们开设的闽南语班不仅可以推广福建文化,也可以促进乡人之间的联系,为乡亲们谋求福祉。

(3)古晋福建公会

与槟城相隔2000多公里的砂拉越古晋市有历史更为悠久的福建同乡会。古晋福建公会的历史可追溯到130余年前,当时是花香街的凤山寺兴建时期,该会的前身实际上以寺庙的形式存在。早年间古晋河一带就是福建籍人士在南洋的聚居地。那时寺庙的负责人成为该组织的领袖。随着福建籍的漳泉人纷纷前来砂拉越从事商业和开垦活动,人数逐渐增加,王友海等人意识到有必要成立同乡会,以帮助贫困同乡,解决他们的住宿问题。1871年,古晋福建公司成立,并走向独立的组织形态。

图 5-2 位于马来西亚砂拉越古晋的福建公会(Persatuan Hockien)

在早期，福建公司在协调同乡摩擦、缓解同乡与政府之间的关系方面，发挥着重要作用。王友海因其出色的贡献成为公司的首任总理，协助解决了诸多事务。他移居新加坡后，总理职位由王长水接任。1930年后，福建公司改名为福建公会，仍然以漳泉人为主要成员，直到1942年，砂拉越州受日本统治，福州公会、诏安会馆、兴安会馆、梅山公所等均隶属于福建公会，古晋福建公会才真正成为福建同乡在砂拉越的总领导机构。多年来，福建公会在处理乡亲婚丧事宜、调解同乡与其他人之间的矛盾等方面发挥了重要作用。

自1871年第一届理事会成立以来，古晋福建公会一共经历了10位总理或主席，拥有一百多年的历史。古晋福建公会不仅于花香街及友海街的交汇处创立了凤山寺，还在姆拉得峇青山区设立了青山岩，为乡侨祈福。1912年，他们还在达闽路创办了福建学校，为乡亲们提供教育场所。同时，在大石路一哩半和二哩、朋尼逊路四哩半、峇楮吉当八哩，以及朋尼逊路十四哩半设置了义山，使乡亲们老有所归。

近年来，古晋福建公会还设立了会员子女奖励金、助学金、大学贷学金，鼓励同乡们关注子女的教育问题，为国家培养人才。为了适应时代的变化和环境的需求，公会理事们于1981年提议成立了青年团，吸纳新鲜血液，负起承先启后的责任，同时也支持公会的发展。1989年，理事们打破传统的保守作风，创立了妇女组，使妇女们能够在闲暇时间参与公会事务。通过青年团和妇女组的成立，古晋福建公会在推动华人社区事务方面开启了新的历史篇章。

古晋福建公会通过举办一系列活动，向东马华人介绍福建美食与中华传统文化，此举已持续多年。2015年01月05日，《诗华日报》刊载文章《陈日枝吁各属会努力，勿让福建美食失传》（索引号：M诗华20150105001），报道了古晋福建公会副会长兼诏安公会会长陈日枝在福建家乡美食品尝会上的呼吁。他指出，随着时代变迁，许多传统家乡风味正渐渐失传，因此各地的福建公会应予以关注，并共同努力传承这些美食。他还提议各属妇女组效仿青年团，每年轮流举办美食品尝会，这样不仅可以保护家乡美食传统，也能为各属妇女组提供一个交流平台，增进彼此的情谊。另外，2019年08月06日，《星洲日报》发表文章《福建美食：7日古晋节登场》（索引号：M星洲20190806001），报道了古晋福建公会妇女组连续3晚在古晋民众会堂华裔家乡风味美食摊位推售福建五属籍贯传统美食和糕点。而在2022年02月07日，《联合日报》发表文章《古晋福建公会10日敬老仪式》（索引号：M联合20220207001），报道了古晋福建公会举行了简单而庄重的敬老仪式以迎接壬寅年的到来，由于新冠肺炎疫情，福建公会取消了今年的新春联欢晚宴，改为分批向465位年龄70岁或以上的会员派发福袋。古晋福建公会通过举办一系列活动,积极推广中华传统,这些举措彰显了公会致力于传承福建文化、关心会员福祉的精神,通过这些努力,古晋福建公会为社区树立了文化传承的典范,也为乡亲们提供了一个温馨团结的大家庭。

(4)巴生福建会馆

巴生是马来西亚雪兰莪州西部的一座城市,城内的华人主要以福建籍为主。1904年,巴生福建会馆的成立可谓依靠先贤们的艰辛努力和热忱。在后代们的奋发进取中,这一会馆走过了百年的辉煌历程。最初,这个同乡组织名为"福建公所"。然而,1918年因与英国发生纠纷,受到殖民政府封闭三年的处罚。1921年,经过孙流水和沈文德的交涉,组织得以重新注册,并更名为"闽南公所",于同年08月15日重新开放。第二次世界大战结束后,为了顺应时代的变革和凝聚闽籍同乡,在1947年05月09日的会员大会上通过了改组为"福建会馆"的提案。在徐福隆的领导下,会馆于1976年出售了彭亨井地产,并用所得款项购得联邦大道旁的3英亩地,以兴建新的会馆大厦。会馆积极参与社区教育和文化事业,在1978年初借出新大厦的三、四楼,供巴生百家利华小作为临时教室使用。1981年03月,会馆正式成立青年团,同年设立冷气图书馆,并于次年在会馆二楼设立巴生画廊,宣扬生活艺术化的理念。会馆在20世纪90年代迈入新阶段,积极推动多项重大发展,包括在旧会所地段兴建7层商业大厦、购置郊外的油棕园、增设大专贷学金等。1999年01月04日,妇女组正式成立。如今,会馆稳固迈进,拥有逾6500名会员,成为巴生区最大的乡团,继续在社会、经济、文化和教育领域发挥着领头羊的作用。

巴生福建会馆极为重视传统节庆活动。2018年06月10日,《东方日报》发表文章《裹粽挥墨,端午文化代代传》(索引号:M东方20180610003),记述了端午节期间巴生福建会馆在吉隆坡举办的文化活动。2021年09月18日,《中国报》发表文章《巴生福建会馆,今线上庆中秋》(索引号:M中国20210918003),报道了马来西亚巴生福建会馆线上中秋活动。同年09月22日,《南洋商报》也发表文章《巴生福建会馆风雨不改,新常态续办中秋活动》(索引号:M南洋20210922004),报道了巴生福建会馆坚持风雨不改,以线上新方式延续了30多年的中秋节活动。在2022年01月23日,《南洋商报》发表文章《巴生福建会馆点亮688红灯笼》(索引号:M南洋20220123005),记述了巴生福建会馆点亮688盏红灯笼的场景,象征着吉祥如意。在疫情和大水灾后,这股新春喜气为巴生市增色不少。福建会馆还举办了施赠贫老的活动,并向他们发放了500份红包和恩物。此外,巴生福建会馆一直在为马来西亚华人教育提供重要的支持。比如,2022 年 05 月 30 日《南洋商报》刊发文章《福联会四驱车队联谊之旅抵巴生为优大医学院建筹 10 万》(索引号:M 南洋 20220530022),报道了马来西亚巴生福建会馆向拉曼大学医学院基金捐献了 6.5 万令吉。

(5)森美兰福建会馆

森美兰福建会馆成立于 1897 年,最初名为"芙蓉福建会馆"。成立之初,会馆内设有私塾,直到 1913 年 07 月 15 日,私塾教育演变为"芙蓉中华学校",可见其对当地华人教育的重大贡献。第二次世界大战结束后,芙蓉福建会馆与中华中小学一并复办。如今,森美兰福建会馆所在地是芙蓉华商俱乐部捐赠的半间商铺。

在马来西亚华文报的相关报道中,我们可以看到,该馆多年来一直致力于推广"福建人"的身份认同。例如,2018 年 12 月 22 日,《东方日报》发表文章《传承文化凝聚力量,会馆仍有存在价值》(索引号:M 东方 20181222005),报道了会馆开展的"我是福建人"活动,会长黄毓华对质疑会馆存在价值进行了反驳。他期望更多年轻人了解自己的根,呼吁年轻一代积极参与,继续传承文化,包括福建方言的传承。2019 年 10 月 05 日,《中国报》发表文章《配合 123 周年会庆主办下月"我是福建人"晚宴》(索引号:M 中国 20191005003),报道了森美兰福建会馆配合 123 周年庆祝活动主办的"我是福建人"联欢晚宴。即使在疫情防控期间全马施行了行动管制令,会馆仍然举办了此活动。2021 年 08 月 17 日,《南洋商报》发表文章《森福青团联谊乡情,办"我是福建人"线上交流》(索引号:M 南洋 20210817003),报道了森美兰福建会馆青年团举办的"我是福建人"线上交流会。此次活动旨在通过与马来西亚闽籍青年团交流,促进彼此学习,共同弘扬乡情。

此外,森美兰福建会馆也在近年积极举办了许多华人传统节日活动。例如,2021 年 01 月 25 日,《东方日报》发表文章《森州福建会馆新春系列活动 02 月开跑》(索引号:M 东方 20210125002),报道了森美兰福建会馆为迎接农历新年举办的一系列活动。会馆会长拿督黄毓华表示,会馆将以线上比赛的模式举办第 26 届"墨海翻腾牛转乾坤"挥春比赛,同时也将为孤儿院和老人院筹款并采购一些基本生活用品。鉴于疫情影响,原定于 2022 年 02 月 21 日举行的新春团拜可能会取消,同时联谊州内各地的福建会馆新春捞生宴也将暂停。2022 年 01 月 24 日,《南洋商报》发表文章《周世扬建议森福建会馆,增挥春海外赛弘扬文化》(索引号:M 南洋 20220124007),报道了森美兰福建会馆举行的"墨海翻腾虎啸风生"挥春比赛,以推动书法文化的传承和发扬。

附录一
新加坡华文媒体中有关福建文化软实力的新闻报道(含索引号)

2013 年

2013 年 08 月 19 日　　新加坡《联合晚报》发表文章《福建兵讲华语,梁志强"激心"》,介绍了热门影片《新兵正传2》导演梁智强谈片中福建方言全被净化,影片"写真度"大减。梁志强表示,《新兵正传》是一部配合新加坡国民服役制度45周年的电影,该片主要以福建话为对话语言。电影使用福建话表达,以还原历史的真实状况,体现了"大家共同拥有的回忆"。遗憾的是,该片在电视台播出时,福建兵歌在"无方言政策"下被迫改成华语,丧失了电影的历史精髓。(索引号:S联晚20130819001)

2013 年 09 月 21 日　　新加坡《联合晚报》发表文章《越来越多人上课学方言》,报道了越来越多新加坡人花钱学习方言,以应对工作需要。在新加坡,除了各大宗乡会馆,也有私人学院开办课程,教导大众使用方言进行沟通。已成功开办多项语言课程的春天国际学院行政经理刘小姐表示,福建话与广东话课程较受欢迎。私人学院课程比会馆学费高,但仍有不少公众报读。报道称,老师均原籍中国各大方言所属地,因此能教导学生纯正方言。(索引号:S联晚20130921002)

2014 年

2014 年 01 月 26 日　新加坡《联合晚报》发表文章《港剧讲福建话，发音不准闹笑话》，指出在槟城取景的香港无线电视拍摄的电视剧《单恋双城》中，男主角陈展鹏的福建话发音不准确，导致观众理解上出现偏差。该剧目前正在香港热播，其中约 70% 的戏份在马来西亚拍摄。剧中，陈展鹏扮演居住在槟城的当地华人角色。为突显这一角色特色，他的对白中穿插了许多当地方言，如福建话、英语和广东话。然而，该剧播出后受到马来西亚观众的批评，认为其发音不标准，导致他们难以理解剧情。（索引号：S 联晚 20140126001）

2014 年 02 月 04 日　新加坡《联合晚报》发表文章《买票要看 17 天大戏，人"走"了，位照留》。文章中提及，当地一名年届 75 岁的戏迷吕金治老婆婆购买了为期 17 天的福建大戏门票，然而不幸的是，她在大年初二时病逝。城隍庙特意为她保留了座位，以便她在剩下的 13 天里也能尽享戏瘾。新加坡道总会长、城隍庙总务陈添来接受采访时表示，吕金治老婆婆是一位热爱福建大戏的忠实粉丝，十多年来，无论天气如何，她都不改到城隍庙观看戏剧。庙里的每个人都认识她。为了表达对她的纪念，城隍庙特意做出了安排，保留了她生前购买的座位，并在上面放置了银纸，以免不知情的观众误坐。（索引号：S 联晚 20140204002）

2014 年 03 月 02 日　新加坡《联合晚报》发表文章《百年福建戏班新赛凤，后晚告别戏台走入历史》，报道了新加坡历史最悠久的福建戏班——百年戏班新赛凤，因庙宇酬神戏的需求减少、观众流失以及后继无人，不得不告别了演艺舞台。新赛凤家族剧团传承了四代人，也是新加坡福建戏班的独特代表。新赛凤班主蔡建福，今年已经 78 岁，他表示，趁着戏班每年还有一两百场演出时，选择了适时收手，也算是为新赛凤留下了美好的名声。眼看这个家族戏班成为历史，班中演员魏丽卿也表达了她的不舍和心酸之情。从 03 月 01 日起,新赛凤在莱市联合宫福山亭大伯公诞辰庆典上连续演出了四天的酬神戏,成为他们的告别演出。(索引号:S 联晚 20140302003)

2014 年 03 月 05 日　新加坡《联合晚报》发表文章《新赛凤最后一夜,老戏骨抱头痛哭》,报道了新加坡百年福建戏班"魏记福建新赛凤闽剧团"不敌时代巨轮,昨晚唱完最后一台戏后,从此走入历史。四十余年的戏班主蔡建福感叹无力再继续,到了该结束的时候。曲终人不散,3 小时的演出落幕后,一众演员和部分观众坚持等到午夜戏台拆完后才依依不舍离去。众多演员不禁抱头痛哭,大约 200 名专程来叙别的戏迷也上前慰问。(索引号:S 联晚 20140305004)

2014 年 03 月 09 日　新加坡《联合晚报》发表文章《福建会馆主办千人义走为两团体筹款》,提及新加坡福建会馆昨日举办了千人慈善义走活动,为回教传教协会儿童院和特殊才艺协会各筹得 3.5 万新加坡元。举办千人慈善义走,福建会馆昨早在滨海东花园为回教传教协会儿童院和特殊才艺协会各筹得 3.5 万新加坡元。这是福建会馆青年团首次以慈善义走方式为受惠团体募款。会馆会员事务组主任张自章表示,这是青年团首次办义走来帮助有需要的人,看到年轻会员以会馆提供的平台回馈社会,实在是令人鼓舞。(索引号:S 联晚 20140309005)

2014 年 03 月 23 日　新加坡《联合晚报》发表文章《做了百集美食节目,菲比不胖反瘦》,指出马来西亚知名主持人菲比为新加坡如意福建方言电视频道主持的美食节目《欢喜吃饱饱》已经连续播出了 8 季,总共 104 集。与她合作的新加坡主持孙文海笑称,用福建话主持节目有时会遇到一些语言障碍,偶尔遇到词穷的时候,他就选择用普通话带过。在未参与主持美食节目之前,他只知道福建菜的经典菜式是炒虾面。然而,参与了 8 季节目录制后,他的视野得到了极大的拓展,对福建文化有了更深入的了解,甚至体验到了福建美食的魅力。值得一提的是,菲比在主持节目的过程中反而变得更瘦了,这可真是让人惊讶。(索引号:S 联晚 20140323006)

2014 年 08 月 14 日	新加坡《联合晚报》发表文章《义顺基层要学福建话,李美花:方便与老人沟通》,详细介绍了义顺南集选区推出实验性计划,为该区基层领袖和义工提供基础福建会话课程。义顺集选区议员李美花回应称,她在接见选民时发现一些基层领袖和义工由于不会说福建话,与居民沟通时出现障碍。出于希望义工们能更有效地与居民交流,解释政策内容,确保居民从政策中受惠,义顺基层将向义工们传授福建常用语,及建国配套、终身健保计划等专有名词,以协助他们更好地向年长一代传达讯息。(索引号:S 联晚 20140814007)
2014 年 08 月 16 日	新加坡《联合晚报》发表文章《培基早期媒介是福建话》,报道了本地培基学校早期教授"三字经""千字文"等旧式启蒙课程,教学媒介语是福建话。梁励明先生直言和早期许多乡村学校一样,培基学校的设施非常简陋,桌椅不足。大多数学生来自贫苦家庭,家长对孩子的期望很高。梁昆包先生则说,虽然早期学校卫生设备差,环境不佳,但校友和附近的村民都非常关心学校的发展。(索引号:S 联晚 20140816008)
2014 年 10 月 05 日	新加坡《联合晚报》发表文章《福建台湾歌仔戏〈升官奇缘〉本月公演》,宣布本土戏班秀玉剧团 Jade Opera Group 即将演出福建歌仔戏《黑森林奇缘系列之一:升官奇缘》。该剧由剧团艺术顾问蔡曙鹏博士根据明朝著名剧作家汤显祖的原著修编整理,并请台湾电视台歌仔戏著名小生洪秀玉任导演兼主演。全剧有丰富的精彩唱段和表演,也是文学性较强的好戏。(索引号:S 联晚 20141005009)
2014 年 10 月 11 日	新加坡《联合晚报》发表文章《陈建彬:歌台是让方言绽放光彩的地方》,报道了艺人公会会长陈建彬在受访时表示方言是华人的根,对方言文化更了解,就能根深叶茂,取得更高文化成就。陈建彬坦言,自己是客家人,但对福建话感情深厚。当前,福建话已渐渐成为歌台最大特色之一,听到有人用福建话表演,能让会讲福建话的观众感到额外亲切。他还指出,福建话在本地歌台的昌

	盛,可归功于一批以福建话主持和唱歌的"福建兵"艺人。(索引号:S 联晚 20141011010)
2014 年 12 月 03 日	新加坡《联合晚报》刊登文章《听不懂福建方言,误会老妇乱讲话》,提及中熙优译培训公司创办人谢镕安为医护人员推出基本福建话会话课程项目。谢镕安表示,许多年长者因语言障碍,在前往医院或诊疗所复诊时无法准确表达自己的症状,这导致了看诊时间的延长。为了改善这一情况,她和工作团队经过三年的细心研究,于 2009 年推出了福建话会话班,重点教导学员福建话中的问候语、数字、日期、器官和病症等词汇,希望能为医疗团队和病人搭建沟通的桥梁。(索引号:S 联晚 20141203011)
2014 年 12 月 08 日	新加坡《联合晚报》发表文章《槟城 Rojak 福建话,洋学者要编成辞典》,提及槟城独特的语言文化,其中混合马来语、英语及各方言的独特语言文化,吸引了新西兰历史研究学者凯瑟琳决心将槟城福建话编写成辞典。凯瑟琳表示,由于受到马来西亚历史背景的影响,槟城福建话的词汇来源非常独特,包含了荷兰语、马来语、泰语、印度语以及广东话等多种语言成分。她希望在完成辞典后,能让更多人了解这一独具特色的语言。(索引号:S 联晚 20141208012)

2015 年

2015 年 03 月 12 日	新加坡《联合晚报》发布报道《福建公会理事会就职,张俰宾主持监誓仪式》,详细介绍了武吉班让区福建公会第 29 届理事兼行政委员会于上周末就职,并邀请西北区市长张俰宾博士主持监誓仪式。会长蔡金华再度当选,将继续领导委员会。值得一提的是,张俰宾博士不仅是该区的议员,也是福建公会的一员。他期望新一届理事会能够通过各项会务,造福于会员和武吉班让区的居民。(索引号:S 联晚 20150312001)
2015 年 05 月 29 日	新加坡《联合晚报》发表文章《梁志强、李国煌师徒 4 年再合作》,报道了由国产导演梁志强操刀,配合新加坡独

	立50周年的新片《我们的故事》，描述了独立前后国人经历从甘榜"转型"到政府组屋的居住环境，其间面临的社会变迁。该片女主角陈丽贞在片中有不少福建话台词，身为福建人的她表示，首次用地道的福建话"迎战"，不讳言有压力。该片另一演员王雷则表示，相比于讲普通话台词，福建话台词正中他的下怀。（索引号：S联晚20150529002）
2015年12月19日	新加坡《联合晚报》发表文章《猴年贺岁国产片〈我们〉福建方言拼票房》，介绍了国产导演梁志强新片《我们的故事》于农历新年向观众贺岁，其中2分多钟福建方言预告片在18日傍晚首次出炉，期许取得好票房。据悉，贯穿《我们》全片的怀旧歌曲不少，包括华语及福建歌，当中梁志强还采用了本地歌后张小英的金曲。（索引号：S联晚20151219003）

2016年

2016年02月15日	新加坡《联合晚报》发表文章《CNBLUE狮城开唱，秀林俊杰所教福建话》，介绍了韩国乐团CNBLUE于02月13日在新加坡室内体育馆举行的"Come Together"演唱会中用福建话与粉丝交流。适逢农历新年，乐团成员展现了"Huat（发）啊！""恭喜发财，红包拿来！""Sure boh？（确定吗？）"等福建话技能。据悉，他们像林俊杰求教，临时恶补了新加坡式英语（Singlish）、普通话和福建话，希望用最地道的方式向粉丝拜年。（索引号：S联晚20160215001）
2016年02月29日	新加坡《联合晚报》发表文章《百年来苏丹首次出席，新山古庙游神破40万人》，提及马来西亚新山年度盛事"柔佛古庙众神出游"于02月28日隆重举行，超过40万民众参加，让盛典再创高峰。柔佛古庙众神出游向来是新山华社"过完年"的象征，而此次古庙游神庆典，是一百多年来首次获苏丹依布拉欣首肯出席。苏丹在观赏游神期间，频频挥手、鼓掌，比爱心手势与队伍互动，

	并表示希望类似这样的活动能让柔佛州继续强盛。(索引号:S联晚20160229002)
2016年04月13日	新加坡《新明日报》发表文章《"教你煮一煮"炒福建面》,介绍健康食谱系列第八道:炒福建面的做法。炒福建面需要糙米黄面、鸡胸肉、虾、白菜等食材,佐以蚝油、酱油、麻油等佐料烹调制成。"健康食谱"栏目食谱由保健促进局提供,每周教读者制作一道当地美食。(索引号:S新明20160413001)
2016年07月13日	新加坡《联合晚报》发表文章《福建炒虾面闹双包》,提及新加坡旧机场路熟食中心的两家福建炒虾面摊因名字相仿、位置一样、招牌设计大同小异、售价雷同,均称自己为正宗。一家叫"亿记",一家叫"义记",食客常常不知所以然。双方老板在受访时均表示自己为正宗,对方是"抢生意的"。据悉,两家招牌几乎一样是因为双方都找相同的厂家做招牌,并且都以特辣辣椒酱为宣传。(索引号:S联晚20160713003)
2016年07月13日	新加坡《联合晚报》发表文章《猴年贺岁国产片〈我们〉福建方言拼票房》,本地歌手皓皓为歌手陈瑞彪的"Broadway Beng"10周年演唱会当起福建歌曲填词人。虽是首次担任填词人,他为福建歌曲《感谢你的爱》填词总共只花3天,歌词大意为对支持者表达感谢之情。(索引号:S联晚20160713004)
2016年08月22日	新加坡《联合晚报》发表文章《让亲友熟客缅怀摊主,灵堂现炒福建虾面》,介绍了一福建虾面摊摊主过世,家人特地在灵堂现炒福建面,让亲友和老顾客一同用味蕾缅怀故人。宜记福建面摊老板林育兴因罹患末期肝癌和胃癌,于一周前与世长辞。亲属和员工们为表哀思之情,在灵堂起炉炒福建面,和一百多名老顾客一同享用美食,热闹场景有别于一般哀伤的灵堂氛围。(索引号:S联晚20160822005)
2016年09月18日	新加坡《联合晚报》发表文章《福建会馆"双文化课程"将拓展至5小学》,其中福建会馆会长蔡天宝今早宣布新加坡福建会馆开办的"双文化华文优选课程"迈入十周

年,规模将拓展多至五所小学。福建会馆自 2007 年起,为五所福建会馆属校开办针对小四到小六学生的"双文化华文优选课程",旨在培养一群对双语与双文化有浓厚兴趣的学生。同时,会馆也与新加坡本地报业控股华文媒体集团展开合作,课程毕业生今后都有机会成为华文报的实习生或学生通讯员。蔡天宝表示,福建会馆之后也会探讨如何把课程延伸到其他学校,让更多学生获益。(索引号:S 联晚 20160918006)

2017 年

2017 年 03 月 18 日　　新加坡《新明日报》发表文章《九年辉煌小贩奖,传承美食世纪情》,宣布开启第十届"城市小贩美食奖"评选。"城市小贩美食奖"是由《新明日报》与"城市燃气(City Gas)"联合主办的第一个新加坡全国性熟食中心美食遴选活动,目的在于表扬坚守传统、默默耕耘、味道超群的卓越摊档。新加坡美食文化受福建美食文化影响,其中炒福建虾面曾作为该奖项 2009 年评选类别之一。文章称,在"美食奖"开办十年之际,主办方将继续致力于新加坡小贩美食文化的蓬勃发展。(索引号:S 新明 20170318001)

2017 年 03 月 30 日　　新加坡《新明日报》发表文章《第 10 届"城市小贩美食奖"启动,500 张＄5 餐券送来宾》,宣布由《新明日报》与城市燃气(City Gas)主办的"城市小贩美食奖"进入第十个年头,将于 04 月隆重登场。恰逢《新明日报》创刊 50 周年,主办方特地安排一部披上活动彩装的流动专车"新明车",停在熟食中心外的广场上;并由专人派发 500 张 5 元餐券,让国人品尝茨园熟食中心琳琅满目的小贩美食。新加坡目前有约 100 家熟食中心,经过多年耕耘,"城市小贩美食奖"已成为全国熟食中心热切期待的活动。其中炒福建虾面曾在 2009 年作为评选类别之一。(索引号:S 新明 20170330002)

2017 年 04 月 27 日　　新加坡《新明日报》发表文章《城市小贩美食奖启动,花絮点点,温情处处》,宣布"城市小贩美食奖"将迎来"黄金十年",启动仪式已于 2017 年 04 月 24 日举行。宏茂桥集选区议员致辞称:"小贩美食是本土文化重要的一部分,持续这个传统至关重要。我认为城市小贩美食奖除了鼓励居民投选心仪美食,也让文化传统得以延续。""城市小贩美食奖"是表扬与展示新加坡小贩美食与其文化遗产的卓越平台,在过去的九年里,奖项在超过 35 种美食及特别类别中,表扬了超过 350 个小贩摊位,如炒福建虾面入选 2009 年"城市小贩美食奖"榜单。(索引号:S 新明 20170427003)

2017 年 07 月 28 日　新加坡《新明日报》发表文章《入选马来卤面摊,多是响当当老招牌》,发布马来卤面(Mee Rebus)将是"城市小贩美食奖"第三种本地美食遴选的菜肴。在众多入选的马来卤面摊档中,有不少是数十年历史的老字号,在美食圈中享有崇高的声誉。马来卤面被认为是两地美食文化结合的产物;其雏形被认为源于印度尼西亚,而所使用的面条是和福建面相同的鸡蛋黄面,是来自华人厨房的面条。鸡蛋黄面比一般的面条粗,因此更能够吸收浓稠的汤汁,为马来卤面增添风味;其汤汁则由马铃薯、咖喱粉、豆瓣酱、虾米、花生所熬煮而成。(索引号:S 新明 20170728004)

2018 年

2018 年 02 月 19 日　新加坡《早报逗号》发表文章《从身份思考到审视中国效应:年轻华人感觉华社》,探讨新加坡华人社团要如何在传统与创新之间平衡,并且对年轻人的想法更为包容。文章采访了南音艺术团湘灵音乐社的成员,以南音这一来自中国福建泉州的传统音乐对新时代的适应为话题,展现新加坡年轻一代华人站在传统华人文化十字路口的破与立。湘灵音乐社称,本地南音艺术固然应该获得重视和传承,但在艺术这一多元的背景下,怎样才能代表新加坡华族文化精神,而什么又是真正值得捍卫的,

	这值得商讨。随着中国软硬实力的渗透力日益增强和当地文化组织的渗透,不少新加坡青年越来越重视"中国经验"对职业发展的优势,中国文化传播力量也开始渗入。(索引号:S逗号20180219001)
2018年06月01日	新加坡《大拇指》发表文章《曾掌校25年:道南前校长陈毓灵逝世》,报道为教育积极贡献数十载的道南学校前校长陈毓灵逝世,享年79岁。陈毓灵前后掌管学校约25年,是在20世纪七八十年代带领道南学校走出低谷,成为本地名校的重要人物之一。光道小学校长黄秀萍称,陈毓灵热爱教育事业,将绝大多数时间与精力投放于学校,风雨不改,将学校看作第二个家。新加坡福建会馆会长蔡天宝称,陈毓灵担任会馆理事18年,相当重视引进新鲜血液,乐于为年轻人提供机会。此外,福建会馆将会支持道南学校校友纪念陈毓灵事宜。(索引号:S拇指20180601001)
2018年07月11日	新加坡《早报逗号》发表文章《新蕾奖感受创作之美》,介绍圣公会中学中文戏剧学会将在圣中钟楼堂带来的三场舞台剧演出。其中原创剧本《变形记》大胆创新,呈献了一个中学生逃离现实,化成一只昆虫的奇幻历程。除了普通话和英文,福建话也出现在剧本中,在增加表演本土风味的同时,侧面体现福建话在新加坡的使用度和认可度。此次表演经历了长达四个多月的筹备,演出剧目的剧本皆由同学们自己构思与创作;演出还租借了专业的灯光器材和场地,最终这场高水准的表演共吸引了900名观众前来观赏。(索引号:S逗号20180711002)
2018年12月14日	新加坡《早报逗号》发表文章《外婆孙女尝试掌握彼此擅长语言》,讲述两代人打破语言障碍的故事。廖忆瑄与外婆黄美同住,却常因语言不通而发生口角,忆瑄平日多用普通话和英语与人交谈,但外婆比较习惯使用福建话。祖孙二人将参与全新系列节目"祖孙PK大挑战",并在节目中尝试克服自己面对的语言障碍,在10天内掌握彼此较擅长的语言。二人面对挑战表现如何,让我们拭目以待。(索引号:S逗号20181214003)

2018年12月14日	新加坡《大拇指》发表文章《外婆孙女尝试掌握彼此擅长语言》，讲述两代人打破语言障碍的故事。廖忆瑄与外婆黄美同住，却常因语言不通而发生口角，忆瑄平日多用普通话和英语与人交谈，但外婆比较习惯使用福建话。祖孙二人将参与全新系列节目"祖孙PK大挑战"，并在节目中尝试克服自己面对的语言障碍，在10天内掌握彼此较擅长的语言。二人面对挑战表现如何，让我们拭目以待。（索引号：S拇指20181214002）
2018年12月17日	新加坡《早报逗号》发表文章《新垂直农场采光谱技术种植蔬菜》，报道新加坡城市农作方案公司VertiVegies目前正与中国福建中科三安合作，把土地发展成本地规模最大，并运用最先进LED光谱技术种植蔬菜的室内垂直农场。VertiVegies创办人兼董事维拉称，新型农业模式可以使蔬菜在完全不含农药且完全受控的室内环境里生长；三安集团则将其在光电技术领域的优势用在植物生命科学领域，用光谱技术种植蔬菜和各种珍贵中药材。维拉个人的奋斗史曾是新加坡国庆庆典的短片素材，他的妻子是华人，而他本人能讲一点福建话和普通话。（索引号：S逗号20181217004）

2019年

2019年02月02日	新加坡《大拇指》发表文章《拍视频教阿公阿嬷防火，孙雪玲秀方言》，报道内政部兼国家发展部高级政务次长孙雪玲通过发布福建话视频呼吁市民注意防火、用火安全。两分钟的视频中，孙雪玲一口流利福建话，配上中英字幕；她走进厨房拍视频，向阿公阿嬷们分享防火贴士，令网民惊艳。视频发布后，引起不少网友转发和点赞，称将与长辈一起度过安全的新年。孙雪玲受访时说，过年过节主要是老人家下厨煮团圆饭，希望用简单易懂的方式，让他们获得安全信息。（索引号：S拇指20190202001）
2019年02月02日	新加坡《早报逗号》发表文章《拍视频教阿公阿嬷防火，

孙雪玲秀方言》，报道内政部兼国家发展部高级政务次长孙雪玲通过发布福建话视频呼吁市民注意防火、用火安全。两分钟的视频中，孙雪玲一口流利福建话，配上中英字幕；她走进厨房拍视频，向阿公阿嫲们分享防火贴士，令网民惊艳。视频发布后，引起不少网友转发和点赞，称将与长辈一起度过安全的新年。孙雪玲受访时说，过年过节主要是老人家下厨煮团圆饭，希望用简单易懂的方式，让他们获得安全信息。（索引号：S逗号20190202001）

2019年04月24日	新加坡《早报逗号》发表文章《校训指引人生》，介绍新加坡特选学校的校风和校训。2019年是新加坡特选学校成立40周年，这批拥有华文教育背景的学校以校风及校训著称，已成为新加坡教育界一道独特的风景线。具有华文教育背景的特选学校其校训由偶数字的华文词语组成；用作校训的格言也具有浓厚的儒家思想，蕴含着华人传统美德与待人处事的道理。在11所特选中学中，福建会馆属下的南侨中学仅以二字"诚毅"作为校训，简单二字则包含了著名福建先贤陈嘉庚个人立身处世的感悟，以诚待人，以毅处事。陈嘉庚创办中国的集美大学时也定下"诚毅"的校训；在新加坡，所有福建会馆学校，无论中小学，皆以"诚毅"为校训。（索引号：S逗号20190424002）
2019年06月07日	新加坡《早报逗号》发表文章《端午说粽》，介绍新加坡人过端午节的粽子文化。新加坡国土面积虽小，却是多元文化相互交融的国际大都会。由于华人是新加坡的主要人种，端午节的粽子文化源自中国且与中华文化密切相连。福建人的烧肉粽制作工艺讲究，得先用香料、盐糖等调味品制卤，再用卤汁和猪油翻炒糯米至半熟，以卤猪肉、卤香菇、咸蛋黄、炒虾米、炒栗子等做馅料，最后才用箬叶包裹并一串串水煮三个小时左右。此外，潮州人的"双烹粽"，广东人、客家人和海南人最拿手的咸肉粽也广受喜爱。（索引号：S逗号20190607003）
2019年07月11日	新加坡《早报逗号》发表文章《新中青少年以艺术建立友

谊》，报道第三届新中青少年艺术节。新中青少年艺术节由新加坡报业控股华文媒体集团属下的学生报、中国文化中心和中国儿童艺术剧院联合承办。福建会馆文化艺术团今年首次登上艺术节舞台，并做开场表演。表演者带来歌舞演出以及话剧《糊涂村》，讲述了一群糊涂的小动物的故事。福建会馆文化艺术团执行总监黄秀玲受访时说，尽管新中两方表演风格各异，但她相信演出使观众受益不少。与此同时，由中国儿童艺术剧院呈献的经典寓言故事《三个和尚》也广受欢迎。（索引号：S逗号20190711004）

2019年07月22日　新加坡《大拇指》发表文章《艺术建桥梁》，宣布2019年新中青少年艺术节将于07月05日盛大开幕。2019年是新中青少年艺术节的第三个年头，通过观赏剧目、交流文化，为两国青少年加深了解并建立起友谊搭建桥梁。艺术节由新加坡报业控股华文媒体集团、中国文化中心和中国儿童艺术剧院联办，并获得中华语言文化基金和新加坡报业控股基金支持。福建会馆文化艺术团首次受邀出演，带来歌舞表演《童戏闹翻天》；中国儿童艺术剧院呈献经典寓言故事《三个和尚》，以夸张搞笑的表演赢得满场笑声。（索引号：S拇指20190722002）

2019年09月13日　新加坡《早报逗号》发表文章《女童滨海湾花园唱南音庆中秋》，报道十位来自新加坡城隍艺术学院的小女孩在一年一度的"滨海花园庆中秋"活动中演唱南音曲目《直入花园》。虽然年轻一代大多对方言颇为陌生，但这群不到10岁的小朋友不仅能明白福建话，还学会了传统的南音唱法，准备在中秋佳节为公众热情献唱。南音，也称弦管，是源自中国福建泉州的传统古乐；南音以福建话演唱，历史悠久。参与表演的10名小朋友早在半年前就开始学南音，积极为表演做准备。此外，此次表演的服装也别出心裁，在颜色、布料和裁剪方面反复考量：上衣采用东南亚独特的"峇迪布"（batik），图案采用华人文化里常见的祥云，领子是中式立领，巧妙地融合了传统华人元素和东南亚特色。（索引号：S逗号20190913005）

2019年09月13日　新加坡《大拇指》发表文章《女童滨海湾花园唱南音庆中秋》，报道十位来自新加坡城隍艺术学院的小女孩在一年一度的"滨海花园庆中秋"活动中演唱南音曲目《直入花园》。虽然年轻一代大多对方言颇为陌生，但这群不到 10 岁的小朋友不仅能明白福建话，还学会了传统的南音唱法，准备在中秋佳节为公众热情献唱。南音，也称弦管，是源自中国福建泉州的传统古乐；南音以福建话演唱，历史悠久。参与表演的 10 名小朋友早在半年前就开始学南音，积极为表演做准备。此外，此次表演的服装也别出心裁，在颜色、布料和裁剪方面反复考量：上衣采用东南亚独特的"峇迪布"(batik)，图案采用华人文化里常见的祥云，领子是中式立领，巧妙地融合了传统华人元素和东南亚特色。（索引号：S 拇指 20190913003）

2019年10月22日　新加坡《早报逗号》发表文章《社论：传承先辈办学精神》，报道了南洋理工大学将校内人文学院大楼命名为"新加坡福建会馆楼"，并正式将道路更名为"陈六使径"，以纪念南洋大学创始人陈六使和他领导的福建会馆对推动本地文教事业做出的卓越贡献。这一命名仪式既是对历史的崇敬，也是团结社会的重要举措。对于尊重历史，我们需要澄清和认可事实，使名字与实质相符，名正言顺。透过梳理历史事实，我们能够缓解不必要的负面情绪，也有助于人民更加齐心协力。在庆祝开埠 200 周年之际，这一命名仪式具有非凡的意义，但更为重要的是如何将这段历史传承下去。（索引号：S 逗号 20191022006）

2020 年

2020年01月06日　新加坡《早报逗号》发表文章《以大数据谱写本地华社关系网》，报道新加坡对 1819 年至 2019 年八代新加坡先贤的个人和人物关系网络大数据库的构建工作。这一项目开始于 2017 年，由新加坡国立大学中文系主任丁荷生和高级研究员许源泰博士率领研究团队，借助地理信息系统构建当地华人社会关系网络。团队积极开拓新的第一手资料：从各大会馆及墓碑上收录资料，经过辨认和数码化后对记录进行整理。明清时期有大量的中国移民迁徙至新加坡和台湾等地，研究团队通过与新加坡族谱学会合作，收集了主要来自福建和广东的100多部家谱资料，总结出离散于两地移民之间的关联和差异。（索引号：S逗号20200106001）

2020年01月20日	新加坡《早报逗号》发表文章《传承华族文化及生活习惯，春节民俗未必是"迷信"》，介绍新加坡华人庆祝春节的习俗和春节期间的活动。华人春节从大年夜起，至正月十五日结束，新春团拜、庙会等活动异彩纷呈。为传承中华民族的传统习俗与文化，由会馆、社会团体牵头举办的活动层出不穷，如由新加坡福建会馆管理的百年古庙天福宫，将举办天公诞清醮法会、元宵平安乞龟等活动。此外，农历新年的传统还包括烧头香、接财神和拜太岁等。虽然民间对传统民俗仪式的说法不一，但民俗活动展现了老百姓对美好生活的期许，不应该轻易将它贴上"迷信"的标签。对此，易学博士和传统文化研究学者庾潍诚称，民俗习惯已融入人民生活，重要的是以正确态度认识民俗的文化意涵；在参与民俗活动时，长辈们可劝诫后辈培养一年初始做好规划的习惯，这才是接受中华传统文化熏陶的"正确姿势"。（索引号：S逗号20200120002）
2020年04月21日	新加坡《大拇指》发表文章《女童用方言劝老人留在家里》，讲述一名三岁半女童借助方言劝说老人的趣事。疫情防控期间，部分老人忽视居家隔离的呼吁和规定擅自外出。这名女童在网上用福建话劝阿公阿婆"不要到处乱走，乖乖待在家"的视频引发网友的关注与转发。网友们称，女孩的视频在疫情隔离期间为大家带来了快乐。（索引号：S拇指20200421001）
2020年06月03日	新加坡《早报逗号》发表文章《为阿嬷做义工学方言》，介绍新加坡青年高惠佳为拉近祖孙关系学习福建方言的故事。24岁的高惠佳有一位疼爱她的祖母，祖母家住马

来西亚,祖孙两人感情很好但语言不通,让她觉得万分苦恼。为了解决沟通不畅的问题,打破语言这道墙,高惠佳大学期间在课业之余到疗养院做义工,一边照顾年长者,一边讨教福建话。此后,流利的福建话也成为高惠佳的优势,不仅能与祖母通畅地聊天,而且能帮助工作顺利推进;成为燃气工程师的高惠佳发挥能讲福建话的优势,顺利向居住于旧组屋的老人们宣传燃气安全意识,并在工作之余积极投身于义工活动。(索引号:S逗号20200603003)

2020年07月29日　新加坡《早报逗号》发表文章《传承美食要看"心"》,介绍获得首届"新加坡非物质文化遗产传承人奖"的郭金地致力于薄饼这一福建美食的经历。"新加坡非物质文化遗产传承人奖"由新加坡国家文物局推出,旨在表扬在非物质文化遗产领域有杰出贡献的人士。郭金地是新加坡83年老字号"郭源发如切薄饼"的第三代传人,祖籍中国福建。在谈及薄饼记忆时,郭金地称,每逢清明节一大家子从早上就开始忙碌于制作薄饼,他认为传统美食除了是文化,也是一代人的共同记忆和身份认同,因此,他希望在店里打造一个小型历史走廊,向到访的旅客和学生介绍薄饼背后的故事。在美食文化因全球化发展迅速而受到冲击的情况下,郭金地希望年轻人明白,只要有心、有热忱,传统美食是一条可以成功的路。(索引号:S逗号20200729004)

2020年08月24日　新加坡《大拇指》发表文章《品尝薄饼的文化》,介绍来自中国福建的传统美食——薄饼。薄饼是一道新加坡传统美食,美味可口,价格便宜,深受人们喜爱。"郭源发如切薄饼"的第三代传人郭金地称,薄饼经常出现于清明节与农历新年的菜谱上。郭金地对薄饼文化的执着使他荣获首届"新加坡非物质文化遗产传承人奖",自他祖父起,薄饼生意已维持83年。郭金地称,这项奖项使他感受到延续美食文化的责任,薄饼的招牌要朝百年老字号的目标迈进。在保留薄饼原汁原味的基础上,他希望把薄饼做得更精致,让更多人知道薄饼背后的故事、

习俗、传统手艺。(索引号:S拇指 20200824002)

2020 年 09 月 28 日　　新加坡《大拇指》发表文章《谁是妈祖?》,介绍妈祖等家喻户晓神话人物的故事将由固定栏目播出。被誉为"海神"的妈祖,其实是中国福建莆田的一个渔夫的女儿。世界各地的华人在出海工作前会到妈祖前面祭拜,祈求妈祖保佑航船顺利。全新资讯教育动画视频《Ah Boy 封神榜》以轻松有趣的方式,介绍民俗信仰中的五个神话传说:妈祖、大伯公、文昌帝君、注生娘娘与城隍,以及这些民间信仰如何从外地传到新加坡。(索引号:S拇指 20200928003)

2021 年

2021 年 02 月 24 日　　新加坡《早报逗号》发表文章《"印度男"流利华语叫卖拖把》,介绍华印族混血儿在街上卖拖把视频蹿红的故事。近日网上流传一则印族男子推销员,用流利的福建话、广东话和普通话,加入有趣的推销词,在街上叫卖拖把的视频。视频引来网民热议,大家都对他的语言能力刮目相看,纷纷赞他是语言天才。这位姓黄的推销员受访时称,他从小在新加坡由祖父母带大,习惯用福建话、潮州话和长辈交谈。面对蹿红,他表示自己并无成为网红的野心,只想守好本业做一名推销员。(索引号:S逗号 20210224001)

2021 年 06 月 30 日　　新加坡《早报逗号》发表文章《方言在 Tik Tok 重获新生?》,介绍抖音视频越来越多教授方言的内容。随着会讲方言的人越来越少,抖音上通过短视频形式教授方言的内容逐渐增多。如新加坡国立大学大二学生王依婷自 2021 年 05 月放暑假起开始制作视频在 Tik Tok 上教福建话,粉丝数量在一个多月内从数百增至超过 1.8 万。抖音是否能让方言回春,我们拭目以待。(索引号:S逗号 20210630002)

2021 年 06 月 30 日　　新加坡《大拇指》发表文章《方言在 Tik Tok 重获新生?》,介绍抖音视频越来越多教授方言的内容。随着会讲方言的人越来越少,抖音上通过短视频形式教授方言的内容逐渐增多。如新加坡国立大学大二学生王依婷自2021年05月放暑假起开始制作视频在Tik Tok上教福建话,粉丝数量在一个多月内从数百增至超过1.8万。抖音是否能让方言回春,我们拭目以待。(索引号:S拇指20210630001)

2021年07月07日	新加坡《早报逗号》发表文章《你吃过这三道马来美食吗?》,推荐新书《新加坡马来人的饮食》,福建面也被收录于其中。马来料理丰富多样,除仁当(rendang)、椰浆饭(nasi lemak)和米暹(mee siam),还有一大片天地。本月底将推出新书《新加坡马来人的饮食》,由马来料理研究专家Khir Johari撰写,读者将对马来美食有更深入的了解;福建面也被收录其中。(索引号:S逗号20210707003)
2021年07月14日	新加坡《早报逗号》发表文章《南侨旧校址门柱"回家"》,报道四名新加坡理工学院学生通过录制方言视频劝告长辈打疫苗。制作小组由来自媒体、艺术与设计学院的四名对方言一窍不通的学生组成,他们通过短视频的方式鼓励年轻人学习简单实用的短语,说服尚未接种新冠疫苗的长辈打针。制作组完成了五个视频,分别采用新加坡五大方言:福建话、潮州话、广东话、客家话和海南话。视频内容为针对年长者常见的四个问题,教导年轻人如何用方言回答。制作组成员称,方言能促进隔代交流,一些祖父母"油盐不进"但对祖孙的话往往更愿意听取。视频采用了诙谐的插图和轻快的背景音效以吸引年轻人的目光。(索引号:S逗号20210714004)
2021年08月25日	新加坡《早报逗号》发表文章《她用抖音教方言》,报道了新加坡大学女生用Tik Tok录制福建话短视频意外走红。新加坡国立大学大二学生王依婷因发布与外婆以福建话互动的逗趣视频意外走红,粉丝数量在两个月内从几百个增至超过2.5万个。由于观看视频的群体包括许多中小学生,王依婷的走红让方言走入了年轻人的视野,激起了年轻人学习方言的兴趣。视频受到的欢迎激起了王依婷继续拍摄的热情,她定期在Tik Tok上更新

福建方言视频,大部分视频内容是福建话常用单词和短语。王依婷称,拍摄视频的过程也是提升方言能力的过程,网友的建议和母亲的指导都使她的福建话水平更上一层楼。(索引号:S逗号20210825005)

2021年11月02日　新加坡《早报逗号》发表文章《冰激凌男孩》,讲述26岁男孩开启首个冰激凌快闪店的故事。黄轩毅毕业于南洋理工大学黄金辉信息与传播学院,在大学的最后一年,他开始学习制作更健康低糖的冰激凌,过程中发现自己对研制甜品的喜好,因此决定追求这个梦想。黄轩毅对茶品的喜爱来自祖父母的熏陶,他们对来自中国福建的茶叶兴趣浓厚。他与创办了游戏发行公司的多年好友曾雕冠一拍即合,创立网店售卖伯爵茶、乌龙茶和摩洛哥薄荷茶等口味的意式冰激凌。而后创立首个线下快闪店,坚持美食梦想。(索引号:S逗号20211102006)

2021年11月02日　新加坡《大拇指》发表文章《冰激凌男孩》,讲述了26岁男孩开启首个冰激凌快闪店的故事。黄轩毅毕业于南洋理工大学黄金辉信息与传播学院,在大学的最后一年,他开始学习制作更健康低糖的冰激凌,过程中发现自己对研制甜品的喜好,因此决定追求这个梦想。黄轩毅对茶品的喜爱来自祖父母的熏陶,他们对来自中国福建的茶叶兴趣浓厚。他与创办了游戏发行公司的多年好友曾雕冠一拍即合,创立网店售卖伯爵茶、乌龙茶和摩洛哥薄荷茶等口味的意式冰激凌。而后创立首个线下快闪店,坚持美食梦想。(索引号:S拇指20211102002)

2021年11月29日　新加坡《大拇指》发表文章《福建会馆家庭日,全岛走透透》,介绍了本次活动的全新形式。福建会馆家庭日以崭新的模式呈现,今年的主题是"福建足迹知多少",在新加坡全岛的34个地点设置了各种游戏站点。此次活动向会员及其家人开放,参赛队伍必须由至少两代人组成,最多可有五人,旨在让参与者在了解本地福建社群的历史文化的同时加强家庭凝聚力。每个游戏站点都设计了不同的挑战,完成一个站点的游戏即可获得文件夹、闽南语胸章等小礼物。福建会馆的义工叶佩桑表

	示,她将携带孩子参与此次活动,以便让他们更加了解会馆的文化传承。(索引号:S拇指20211129003)
2021年11月29日	新加坡《早报逗号》发表文章《福建足迹知多少》,报道了福建会馆家庭日的全新活动形式。福建会馆家庭日以全新形式出击,今年的主题是"福建足迹知多少",在全岛34个地点设立游戏站点。活动开放给会员与其家人,参赛队伍须由至少两代人组成,一组最多五人,在认识本地福建社群历史文化的同时,有利于加强家庭凝聚力。宗乡总会和包括金门会馆、晋江会馆、安溪会馆、同安会馆和永春会馆在内的五家闽属会馆,为配合这次活动也开放参观。活动开放至今已吸引近200名会员偕同家人组队参加,接受采访的参与者称能在疫情防控期间体验此次活动十分不易,并对此次活动的文化意义和教育意义表示认可。(索引号:S逗号20211129007)

2022年

2022年02月09日	新加坡《早报逗号》发表文章《学方言破隔阂》,探究方言的魅力,以及新加坡人学习方言背后的动力。祖籍福建的谢文益是报名参与新加坡福建会馆文化学院开办的福建会话课的学生之一,报读这一课程的许多人都与谢文益有着一样的身份——医护人员。谢文益称自己曾目睹因为无法流利使用华语和英语而难以描述病情的老人,因此希望通过学习方言更好地与病人沟通,帮助他们治疗病痛。在韩国念硕士的余思颖也报名了方言线上课程,她表示,自己对方言的兴趣开始于写论文研究新加坡历史的过程中,她发现方言在新加坡历史上扮演了十分重要的角色;此外,方言也让她对老一辈的故事有了更深的了解。积极推广方言教育的李庆耀和姚宝莲夫妇创立了方言教授平台,疫情防控期间通过拍摄福建话、潮州话、广东话和海南话四种方言视频的方式,解释防疫措施,劝导年长者戴口罩。(索引号:S逗号20220209001)
2022年05月12日	新加坡《大拇指》发表文章《37所小学挑战如何减少食物

浪费》,介绍了第一届全国小学设计思维挑战赛(National Thinkers Challenge)。这项大赛由新加坡福建会馆承办,旨在鼓励学生结合设计思维与数码科技解决社会与生活中的常见问题,锻炼创新能力。本届大赛以"如何减少食物浪费"为主题,参赛学生组成四到五人的队伍,吸引了来自 37 所小学的 232 名学生参加。比赛分为初赛(提出方案)和决赛(建立实体模型)两个步骤,福建会馆已在线上仪式中公布了初赛脱颖而出的 10 支队伍。(索引号:S 拇指 20220512001)

2022 年 06 月 03 日　新加坡《大拇指》发表文章《我们也能包粽子》,报道了端午之际小朋友们齐聚包粽子。05 月 29 日下午,新加坡福建会馆文化学院举办了端午节的庆祝活动。50 位 7 至 12 岁的小朋友们分成三个小班学习福建话,三个学习班的小朋友们使用刚学会的福建话表演了一小段歌舞。参与活动的小朋友们与父母、祖父母一起包粽子,体验端午文化。(索引号:S 拇指 20220603002)

附录二
马来西亚华文媒体中有关福建文化软实力的新闻报道(含索引号)

2014 年

2014 年 02 月 10 日　马来西亚《华侨日报》发表文章《丹南福建同乡依习俗初九拜天公庆团圆》,生动报道了沙巴州丹南县的福建人在甲午马年的大年初九会举行祭拜天公的仪式。文章也特别强调了丹南庆祝拜天公仪式与西马,尤其是槟城的区别之处。通过追溯年初九拜天公的历史渊源,文章彰显了福建文化深厚的底蕴,以及马来西亚华裔在传承中华文化遗产方面的不懈努力。(索引号:M 华侨 20140210001)

2015 年

2015 年 01 月 05 日　马来西亚《诗华日报》发布《陈日枝吁各属会努力,勿让福建美食失传》一文,提及古晋福建公会副会长兼诏安公会会长陈日枝在今日举行的福建家乡美食品尝会上表示,随着时代改变,许多传统家乡风味美食正处于逐渐失传的阶段,福建各属须给予关注,并做出各项努力让家乡美食得以继续流传。他建议各属妇女组效仿青年团,每年轮流举办美食品尝会,不但能让家乡风味美食得以流传,也能为各属妇女组提供交流平台,增进彼此情谊。(索引号:M 诗华 20150105001)

2015年02月04日	马来西亚《诗华日报》发布《槟城福建面红彤彤》一文,介绍了槟城代表性美食之一福建面。这是以虾壳、辣椒熬煮,配上鸡蛋面和米粉,再以蕹菜、虾、肉片、鸡蛋等做配料制成的面,其材料缺一不可。福建面的制作过程并不繁杂,却耗时耗力。同时,其美味取决于汤底。槟城亦有多家知名福建面馆。(索引号:M诗华20150204002)
2015年02月25日	马来西亚《诗华日报》发布《福建人真正的新年,大年初九拜天公》一文,介绍了在农历大年初九,福建人拜天公、大过年的拜天公仪式。受访者郑小姐表示,初九是福建人农历新年中最重要的一天,通常在初八晚上迎接初九,因为初九才算福建人真正的新年。而天宫诞的祭品包括烧猪、鸡、鸭和甘蔗等,仪式举办时通常举家热闹非凡。(索引号:M诗华20150225003)
2015年05月02日	马来西亚《诗华日报》发布《福建滋味》一文,报道了巴生珍珠海鲜酒家的知名菜茨粉根。这是一种外表看似炒粿条、风味也颇为相近的美食,不过茨粉根由木薯粉做成,咀嚼起来更Q弹、韧性更佳。酒家老板陈宝发表示,茨粉根源于福建永春,但南下至马来西亚后,它也随之改头换面。而珍珠海鲜酒家的已故创办人陈友梓,是把这道福建家庭面食改良后推出食肆的巴生第一人。陈宝发亦称,除了茨粉根,酒家还有很多福建菜。他目前希望儿子能接手这份产业,让老滋味靠下一代传承下去。(索引号:M诗华20150502004)
2015年06月24日	马来西亚《诗华日报》发布《方延和吁福建乡亲,提供资料照片文物》一文,报道文莱福建会馆副主席、特刊编撰小组主任方延和于今日的新闻发布会上表示,会馆希望着手收集宝贵的资料及相片,成立档案专门记录福建人在文莱的奋斗史与经历,并申请编撰成书。他称,特刊编撰小组的目的是记录先贤在国家的点点滴滴,若不给予记录,日后恐会失传。因此,他吁请文莱福建乡亲若手中有福建先辈在文莱奋斗的资料、照片或任何文物,希望能够不吝于提供予会馆参考。编撰专案小组也将按部就班走遍全文莱。(索引号:M诗华20150624005)

2015年08月17日	马来西亚《华侨日报》发表文章《高甲戏亚庇演出,马中文化交流又一盛事》,报道了中国驻亚庇总领事陈佩洁在沙巴的泉州高甲戏公演开幕式上的讲话。她指出,中马两国关系正处于友好合作的大背景下,越来越多的友好交流正在进行,福建泉州高甲戏传承中心派到马来西亚的演出团也是此类交流活动的一部分。陈佩洁认为,高甲戏和沙巴本地的文化有很多共同点,而这次演出也将促进中马文化交流和友谊。她也表达了期待演出精彩和推广民族传统文化的意愿。(索引号:M 华侨 20150817001)
2015年09月18日	马来西亚《诗华日报》发布《晚会节目多姿多彩,福建青团明庆中秋》一文,提及文莱福建会馆青年团定于09月20日举行乙未年中秋节活动,邀请会员乡亲以及子女踊跃参加。筹委会主席林福泰表示,举办此项活动主要在于团结会员乡亲、传承与发扬华族优良的传统文化习俗,同时利用中秋佳节与会员乡亲齐聚、联络情谊、促进合作与交流,塑造和谐友好的社会风气。活动当晚亦将推出多姿多彩的节目。(索引号:M 诗华 20150918006)
2015年09月20日	马来西亚《诗华日报》发布《林福泰:中秋叙乡情,福建同乡心连心》一文,提及文莱福建会馆青年团于中秋节成功举办了节庆活动。筹委会主席林福泰表示,大家的先辈共同来到同一方水土文莱生活,共同创建了文莱福建会馆的大"家",他代表文莱福建会馆向各位来宾表示热烈欢迎。同时,在各位的热情支持,以及青年团的全力支持与共同策划之下,今天的活动得以顺利举行。(索引号:M 诗华 20150920007)
2015年09月20日	马来西亚《诗华日报》发布《中国大使杨健出席,福建热闹庆中秋》一文,提及中国驻文莱特命全权大使杨健应邀出席今天举行的文莱福建会馆中秋节活动。该活动由文莱福建会馆青年团常年举办,主要目的在于团结会员乡亲、传承与发扬华族优良的传统文化习俗。活动亦备有多姿多彩的节目,希望借此推广优良的中华文化。(索引号:M 诗华 20150920008)

2015年09月26日	马来西亚《中国报》发表文章《吉兰丹福建会馆晚宴:播短片重演赈灾故事,晚宴重温共度患难时》,报道由马来西亚吉兰丹福建会馆于第47周年及庆贺会员荣膺封赐联欢晚宴。据报道,该会于晚宴中播放2014年年尾丹州发生的洪灾片段。该会会长指出,当年洪灾发生时,当时的会长及乡长联合福建会馆等相关团体第一时间协助受灾群众。此外,当时会馆除了援助福建人,也为友族同胞提供援助。会长也称,他将延续前任会长的服务态度和办事能力,以及延续前辈推动的孝道,推广福建文化、教育,团结凝聚乡亲。(索引号:M中国20150926001)
2015年09月30日	马来西亚《诗华日报》刊登文章《增进友谊加强合作:福建青年团访亚庇》,介绍了文莱福建会馆青年团一行人拜会了沙巴亚庇福建会馆,受到热烈欢迎。文莱福建会馆青年团团长蔡定吉在欢迎仪式上致词时表示,此次拜会希望能深入了解亚庇情况,调整社团的会务方针与政策,吸引更多青年加入。同时也希望进一步深切与贵会及各乡长的关系,更好地交流,深化双方感情。此次交流具有积极意义,希望此次访问能达到互相了解、交流合作的目的,也相信两会以后的交流将更加频繁。(索引号:M诗华20150930009)
2015年10月05日	马来西亚《诗华日报》发布《福建会馆青年团拜会老越漳泉公会》一文,报道文莱福建会馆青年团日前拜会了老越漳泉公会,借此促进联系与情谊。文莱福建会馆青年团团长蔡定吉表示,此次拜会希望促进两国四地同乡青年团的联系,发扬互敬互爱精神,继承先辈开拓精神,光大福建优秀文化,联络各地乡团青年组织,促进交流、学习和互助,从而体现出乡团青年的地位和作用。(索引号:M诗华20151005010)
2015年12月14日	马来西亚《诗华日报》发布《林总率团赴福建祭祖》一文,报道马来西亚林氏宗亲总会(林总)一行在总会长丹斯里林福山局绅的率领下,前往中国福建进行祭祖拜谒活动。林福山表示,此次庄严、隆重的祭祖活动非常有意

义,同时令人印象深刻。他也呼吁全国的宗亲们能够组团回乡祭祖,了解自己的"根"及林姓渊源。而华团组织包括宗亲团体都在其中扮演着重要的角色,必须加以鼓励及支持。在联系宗亲谊时,也承前启后,弘扬祖德。(索引号:M 诗华 20151214011)

2015 年 12 月 29 日	马来西亚《光华日报》发表文章《福建话电影〈海〉坚守文化情感,杜可风要把槟城带给世界》,报道了《海墘新路》即将开拍,福建话占电影全部台词的 96.8%,并由知名摄影师杜可风掌镜。导演苏忠兴坚持用福建话而不是普通话拍摄,他认为电影表现了他的成长历程,福建话才对味。此外,文章还报道了电影里的福建对白需请专人顾问,并且电影拍摄需要许多群众演员。(索引号:M 光华 20151229001)

2016 年

2016 年 03 月 09 日	马来西亚《诗华日报》发表《10 华商联合设宴,招待福建省考察团》一文,指出文莱华商联合设宴招待到访的中国福建省工商联经贸考察团一行人,双方进行了亲切的交谈,气氛融洽。该考察团领队陈建朝在致词时表示,他们此行主要的目的是考察文莱工商发展情形、寻找商机,同时也希望促进两国工商界人士之联系与合作,进而提升两国之关系发展与经济贸易合作。(索引号:M 诗华 20160309001)
2016 年 04 月 04 日	马来西亚《诗华日报》发表《Astro 欢喜来卡拉,来砂寻福建好声音》一文,指出由 Astro 欢喜台举办的福建歌唱大赛"欢喜来卡拉 2016"已进入第 9 年,主持人与评审带领清唱试音活动团队于近日在东马办试音活动,寻找福建好声音。节目组秉持"把舞台带到你家"的信念,希望寻找东马才华横溢的福建唱将,同时让所有喜爱福建歌的观众近距离欣赏福建歌曲的动人魅力,亲眼见证梦想在舞台上圆满实现的时刻。(索引号:M 诗华 20160404002)
2016 年 05 月 04 日	马来西亚《光华日报》发表文章《颜天禄:首度走出中国,

甲10月办世界闽南文化节》,报道了今年世界闽南文化节将首度走出中国,在马六甲盛大举行。他提到,此次文化节将促进中华文化与世界交流,"一带一路"倡议以及马中实惠双赢。漳州市委书记陈家东表示,漳州市政府将鼎力支持,共同将闽南文化发扬光大。(索引号:M光华20160504001)

2016年05月26日　马来西亚《中国报》发表文章《数百人舞热老街,当街跳Agogo,享福建美食》,报道新山福建会馆妇女组和青年团联办的第二节"阿GoGo扭扭之夜"。据报道,该活动除了让不同年龄层的人打扮成60年代造型,现场也售卖福建传统美食。此外,新山中华会会长也在致辞中称,该会秉持传承文化的精神,将陈旭年文化老街打造成真正代表华裔的文化街。另外,新山福建会馆署理会长也称该会在上个月到中国福建考察后决定于中秋节引进泉州花灯。(索引号:M中国20160526001)

2016年07月30日　马来西亚《诗华日报》发表《新生代爱说普通话,槟福建话传承危机》一文,指出普通话渐取代槟城福建话的主流地位,40岁以下的槟城华裔多以普通话为第一语言,恐会对槟城福建话造成传承危机。来自新西兰、深耕于福建话的学者凯瑟琳今日在"槟城闽南语讲座"上表示,现代父母均以语言的经济与社会价值做考量,在家说英语、普通话,渐渐遗忘了祖传福建话。要推动槟城福建话,比年轻一代擅长福建话、比老年一辈更懂普通话的40岁以上中年男女需要承担更多的责任。(索引号:M诗华20160730003)

2016年08月03日　马来西亚《中国报》发表文章《妈祖文化征文暨摄影赛,欢迎全球人士投稿》,报道由马来西亚中华妈祖文化交流协会、福建省对外文化交流协会、海峡出版发行集团联合主办的第四届全球妈祖文化征文暨摄影赛。据报道,该比赛旨在传播和展现妈祖文化及相关民俗文化的深厚底蕴。此次大赛活动主题为"心怀妈祖情,共筑海丝梦",并欢迎全球各地人士踊跃参与。此次大赛设一等奖、二等奖、三等奖、优秀奖及人气奖。优胜者可获颁

	发奖金及获奖证书。（索引号：M 中国 20160803002）
2016 年 08 月 10 日	马来西亚《中国报》发表文章《后日"下南洋，传乡音"8 天文化盛事邀您参与》，报道由培风中学华乐团承办，为期 8 天，以福建人下南洋为题的"下南洋，传乡音"活动。今年的活动是主办以来的第三届，活动涵盖展览、讲座、手作坊等。此外，乡音采集人张吉安也应邀参展，并配合主题选出了 10 个音箱进行展览。本次活动也邀请到本地著名饮食考古文化工作者，主讲"马来西亚福建人饮食文化异变"讲座，让出席者认识传统福建美食，先祖到南洋后习惯并结合福建与南洋美食以衍生出原乡福建没有的餐单食谱等。（索引号：M 中国 20160810003）
2016 年 09 月 15 日	马来西亚《诗华日报》发布《福建美食烹饪赛暨品尝会，今丽都广场热闹登场》一文，提及沙闽福联妇组订于 09 月 16 日于亚庇丽都广场主办"2016 年全州福建美食烹饪赛暨品尝会"。亚庇福建会馆、亚庇福州公会等 21 个福建同乡会将派代表参赛。同时，沙闽福联会总会长拿督斯里邦里玛吴添泉局绅博士乡长亦会莅临。（索引号：M 诗华 20160915004）
2016 年 09 月 17 日	马来西亚《华侨日报》发表文章《福建美食烹饪赛暨品尝会，吴添泉：发扬福建美食文化》，报道了沙巴州福建美食烹饪赛暨品尝会，表示了这项比赛将福建美食文化脉脉相传的用心。沙巴闽福联会会长拿督斯里邦里玛吴添泉表示，烹饪比赛在促进妇女之间的认识与情谊的同时，也让参赛者有机会互相切磋厨艺、分享心得。比赛共有 21 个沙巴本州属会参加，纳闽福州公会获得冠军，兰劳福建会馆和亚庇福州公会获得亚军和季军。这项比赛提供了一个平台，让参与者互相观摩和学习，提高彼此的烹饪技能水平，并让马来西亚福建同胞品尝到传统的福建美食。（索引号：M 华侨 20160917001）
2016 年 11 月 20 日	马来西亚《诗华日报》发布《勤奋工作贡献社会，杨文海赞福建人贡献大》一文，提及亚庇市长拿督杨文海表示，亚庇福建会馆至今已获得良好口碑，毫无疑问福建人是勤奋工作的人，在商业领域方面的成功亦是不可否认的，

对沙巴州及社会做出了贡献。他还称,福建人在各方面的表现,尤其是在行政方面非常突出。另外,亚庇因中国游客涌入而受益良多,相信亚庇市政厅肯定将继续发展,让城市更有吸引力。(索引号:M 诗华 20161120005)

2016 年 12 月 27 日　马来西亚《诗华日报》发表文章《福建人家传手艺,黄忠明授招制鱼饼》,生动报道了在华人农历新年前,许多福建家庭主妇开始制作各种不同口味的年饼、鱼饼、虾饼等美食。在山城小镇,善于制作鱼饼的福建老前辈们一般会将手艺传给下一代,让手艺不至于失传。年轻一代的黄忠明在受访时称,自家会制作各种不同口味的鱼饼,制作过程颇有讲究。(索引号:M 诗华 20161227006)

2017 年

2017 年 01 月 12 日　马来西亚《光华日报》发表文章《"古典槟城"福建周开幕,方万春:负起传承责任,为下一代保留福建文化》,报道了"古典槟城"福建周的开幕。大会主席拿督方万春表示希望该活动能承担起相关的责任,让新一代福建人和其他族群更了解福建文化。此外,槟榔州福建会馆拿督温子开指出籍贯文化表现在生活中,尤其是吃的文化、消遣娱乐,都能表现一个籍贯的生活文化特色。槟榔州旅游发展委员会主席罗兴强指出旅游业支撑槟榔州工业,乔治市文化传承任重道远。(索引号:M 光华 20170112001)

2017 年 01 月 12 日　马来西亚《华侨日报》发表文章《亚庇福建会馆文化村展览推介:"茶中之王"大红袍及福建五宝》,报道了亚庇福建会馆推介文化村的展览,其中也包括福建省著名的"茶中之王"大红袍以及福建五宝。文中也介绍了福建大红袍的来源和稀有度,以及它当中含的营养成分。文末还介绍了福建五宝,分别是咸水糕、发糕、芋头糕、鸡蛋糕和年糕,以及该展览会推广的福建美食文化。(索引号:M 华侨 20170112001)

2017 年 02 月 08 日　马来西亚《诗华日报》发表《闽籍乡亲乐善好施,贡献福建经济建设》一文,写道中国福建省侨办主任冯志农在访问久纳的文莱福建会馆时发表讲话,表示闽籍华侨华人漂洋过海,落地生根,在此取得了令人瞩目的成就。同时,他认为闽籍乡亲秉承情系桑梓、乐善好施的优良传统,为家乡福建的经济建设和社会发展做出了重要的贡献。他希望福建加强与文莱福建会馆的友好合作与往来,迎来更加广阔的空间。(索引号:M诗华20170208001)

2017年08月09日　马来西亚《诗华日报》发表《持续增长,全马41%华裔说福建话》一文,表示根据槟城研究院的数据报告《方言与语言》,福建话不仅是槟州最多华裔说的方言,也是全国最多人说的五大方言之冠,连续20年数据上升,目前全马有近41%华裔人口说福建话。文化研究学者杜忠全接受《东方日报》访问时称,他对福建话的传承抱有希望,近10年来台湾闽南剧的热播也对福建话的推广有很大的帮助,而有传媒做后盾的方言会流传得比较久。(索引号:M诗华20170809002)

2017年09月21日　马来西亚《诗华日报》发表《福建广播影视集团海峡卫视采访〈客家人在拿笃〉》一文,表示近日中国福建省广播影视集团海峡卫视到访拿笃,拍摄《客家人在拿笃》节目,一窥海外客家人传承发扬文化教育的薪火。此次记者团在拿笃客家公会主席梁福强的引领下,先后采访了拿笃客家麒麟团、笃埠客家才艺代表等,慕名拍摄了"客家街"实况,进一步了解海外客家人文化习俗。录制节目近期将在中国播出,欲宣扬华侨先贤在沙巴与拿笃开源发展留下的重要文化遗产,也让更多的海外华人了解沙巴拿笃华裔的生活气息。(索引号:M诗华20170921003)

2017年10月18日　马来西亚《诗华日报》发表《杨忠礼逝世:福建人楷模,成功路上不言弃》一文,指出在今日与世长辞的杰出企业家丹斯里杨忠礼曾于上个月参加"福建楷模奖与杰出企业家奖"颁奖典,表示马来西亚福建籍贯的人规模最大及发展最好,为大马的社会经济发展做出了重要的贡献,也是促进马来西亚和中国友好往来与合作的最大资源。在祖籍为福建金门的他看来,福建籍贯的社团很多,社团活动也由传统的联谊互助转向贸易、科技、教育及文化领域,影响力亦日益增加。其中福联会为福建乡亲做了大量的工作,促进了乡亲的团结。他对这种服务精神给予肯定及赞赏。(索引号:M 诗华 20171018004)

2017年11月18日　马来西亚《东方日报》发表文章《临摹沈老墨宝,牌匾传承文化》,报道了新山福建会馆为庆祝其成立 90 周年,特制作了一块临摹拿督沈慕羽墨宝的牌匾,并由五名永久名誉会长和现任会长主持揭幕仪式。该牌匾旨在传承民族文化,集合了书法和雕刻艺术。牌匾的字体临摹自沈慕羽 12 年前于新山福建大厦落成时赠送给该会的墨宝。揭幕仪式还推介了"九闽"第九册《福建精神》特刊,介绍福建文化、会史、传统风俗及书法等内容。新山福建会馆成立至今已经传承到第 12 任会长,该会除了关注会员福利和提升会馆设备,还重视政经文教议题,在政府政策上扮演着重要的角色。该会还为槟城水灾灾民筹集了两万令吉捐款。(索引号:M 东方 20171118001)

2017年12月10日　马来西亚《诗华日报》发表《方金星:会员逾千人,福建全年活动不断》一文,指出文莱福建会馆秘书长方金星在第八届理事会第一次(2017 年)会员大会上表示,该会馆今年接待过众多福建、闽台代表团,进行了许多友好交流。此外,本会同样不断受到海外团体的邀约,并与国内各社团保持良好互动,受到各华人社团、私人机构、中国驻文莱大使馆等多方面的邀请。相信会馆在会员乡亲的携手合作之下,必将再攀高峰。(索引号:M 诗华 20171210005)

2017年12月10日　马来西亚《诗华日报》发表《林汉璋:凝聚力量造福乡亲,福建会馆卧虎藏龙》一文,提及文莱福建会馆举行了第八届理事会第一次(2017 年)会员大会。会馆主席林汉璋表示,大会完毕后即进入品尝福建美食环节,让福建乡亲品尝福建古早味美食,希望借此传承与弘扬福建族群特有的传统饮食文化,加深人们对福建美食的了解与认识。另外,该会也设立了福建杰出华青奖项,用以表扬在社会上表现卓越、成就不凡的福建青年。林汉璋亦

希望会员能凝聚文莱福建会馆的能量，为乡亲提供最好的服务。（索引号：M 诗华 20171210006）

2018 年

2018 年 01 月 23 日　　马来西亚《东方日报》发表文章《柔游神槟大旗鼓，旅游部拟联合申遗》，报道了大马旅游及文化部有意将柔佛古庙神游及槟州大旗鼓游行联合，并以"马来西亚大旗鼓"的名义申请联合国教科文组织"非物质文化遗产"。文章也介绍了槟州大旗鼓文化的背景，其源自福建话"真艺"的拼音，已有超过 100 年的历史了。在州政府和民间文化团体的积极努力下，大旗鼓表演文化也逐渐进入人们视野并成为重磅之戏。（索引号：M 东方 20180123001）

2018 年 02 月 18 日　　马来西亚《中国报》发表文章《白天访双怡杖，赠华小大礼：捐献一间多媒体教室》，报道了中国驻马大使馆白天到访峇眼双怡杖渔村新民华小，并捐献一间多媒体教室给该校。据报道，该大使受副首相邀请出席当地新村团拜。双怡杖渔村渔民主要来自中国福建和广东，因此这个地方见证了前辈落地生根。此行中，该大使也与该校学生进行互动，以测试学生对中华文化历史的认知。另外，该大使也受到村民的热烈欢迎，村民们准备了当地著名的福建美食，得到了大使的赞赏。（索引号：M 中国 20180218001）

2018 年 02 月 25 日　　马来西亚《中国报》发表文章《惠胜集团与狮子会安排 50 乐龄者一睹闽南风采》，报道惠胜集团和马六甲狮子会合作，安排 50 名本地的老年人观看"闽韵流芳"福建闽都新春关爱喜庆演出。演出包括歌舞、民乐演奏、折子戏等，让观众们领略到了中国闽南文化的风采。惠胜集团主席表示，企业是回馈社会的，希望通过这次演出让福建文化得到传承和发扬光大，并将引入中国各地籍贯文化，促进马来西亚和中国两地文化的交流与融合。观看此次表演的嘉宾还包括马六甲狮子会会长、兴安会馆会长和金马广告设计有限公司董事经理等。（索引号：

附录二　马来西亚华文媒体中有关福建文化软实力的新闻报道(含索引号)

M 中国 20180225002)

2018年02月25日	马来西亚媒体《诗华日报》发布《笃福建会馆大年初九拜天公,主席:乡团应关注国家政治》一文,提及拿笃福建会馆于大年初九晚,在拿笃中学冷气礼堂举行天公诞祭拜仪式,同时召开2017年度常年会员大会暨颁发"黄清辉优学会员子女奖励金"。每年大年初九日天公诞是福建人极其重视的传统节庆,拿笃福建会馆一如往年,在当晚广召拿笃区内的同乡会员及理事顾问一起拜祭祈福,共沾福泽。此外,不少其他籍贯的华裔朋友昨晚也和福建人一起祭拜天公,祈求风调雨顺,万事如意。(索引号:M 诗华 20180225001)
2018年03月17日	马来西亚《华侨日报》发表文章《庇福州公会今晚35周年庆典,邀请叶参等为击鼓助兴》,报道了亚庇福州公会为庆祝其成立35周年而举办了"敦睦乡谊之夜"活动,约有450名福州团体代表出席。此次活动旨在加强福州乡谊和承袭福州文化,同时青年团、妇女组、福利组、福州山庄组、清寒子弟贷学金组和乐龄组的委员会宣誓就职。多名福州公会的永久名誉会长受邀参加,为各机构的宣誓仪式担任监誓嘉宾,亚庇福建会馆主席也受邀为此次庆典担任击鼓嘉宾。(索引号:M 华侨 20180317001)
2018年03月23日	马来西亚《东方日报》发表文章《湄洲妈祖分灵,永驻甲福建会馆》,报道了中国湄洲的妈祖分灵仪式。报道指出,湄洲祖庙的分灵将永久驻扎在历史超过200年的马六甲福建会馆,为中马友谊和宗教交流开启了新篇章。文章还引用了马六甲州政府对华特使拿督威拉颜天禄的话,指出闽南人是最早抵达马六甲的族群,并在那里建立了桥头堡,随后形成了供奉妈祖的传统,以祈求风调雨顺。最后,文章报道称,这次妈祖分灵的仪式也成为"一带一路"倡议的最新节点,为中马关系增添了新的亮点。(索引号:M 东方 20180323002)
2018年03月24日	马来西亚《光华日报》发表文章《祥龙瑞狮陪同金身游行,妈祖分灵安座甲福建会馆》,报道了福建侨联主席陈式海和马六甲州对华特使拿督威拉颜天禄共同护送妈

	祖分灵安座马六甲福建会馆,并举行安座典礼。此项举动象征着马中友谊将掀开新的篇章,并促进闽南与妈祖文化在马六甲的传承。(索引号:M 光华 20180324001)
2018 年 03 月 29 日	马来西亚《华侨日报》发表文章《亚庇与厦门有许多相同地方,彭育明:美丽风光吸引两地人民,盼可结为姐妹城市》,报道了沙巴旅游、文化环境部助理部长彭育明表示亚庇市和厦门市有很多相同之处,期望两地结为姐妹城市。他指出,中国与沙巴的联系拥有千年的历史,而"一带一路"建设以及海空航线的开通则推动了沙巴的繁荣发展。他也期望能够开通连接中国与沙巴其他地方的航线。(索引号:M 华侨 20180329002)
2018 年 04 月 07 日	马来西亚《诗华日报》发布《农历二月廿二广泽尊王圣诞,笃福建善信涌往关帝庙上香》一文,提及拿笃福建会馆理事会于当日庆祝广泽尊王诞辰。广泽尊王是中国福建泉州南安的乡土神,也被福建人视为"保护神"。每年农历二月廿二日及八月廿二为其神诞日,广受各地区福建同胞重视。该会馆主席陈金鼎早上率同各乡会代表与善信,在关帝古庙庆赞广泽尊王诞,诚心祭拜,共沾福泽。(索引号:M 诗华 20180407002)
2018 年 06 月 10 日	马来西亚《东方日报》发表文章《裹粽挥墨,端午文化代代传》,报道了端午节期间巴生福建会馆在吉隆坡举办的文化活动,体现了端午文化在马来西亚社群里代代相传的好景象。文章主要写了在端午节来临之际,巴生福建会馆的妇女组联合青年团和本地爱 FM 所举办的裹粽子比赛。此外,雪隆精武体育会主办了一场书法比赛。这些活动不仅可以传承和推广端午文化,也为学生和公众提供了一个展现自我的平台。(索引号:M 东方 20180610003)
2018 年 07 月 09 日	马来西亚《华侨日报》发表文章《保佛福建会馆就职礼暨庆双亲节:吴则荣冀会员乡亲放下成见,共同打造会馆成高素质社团》,报道了保佛福建会馆举办宣誓就职活动。会馆前主席吴则荣希望会馆的年轻领袖积极参与会馆的各种活动,积累经验,以便将来成为新一代领导

者,也希望大家继续为将会馆打造为高素质社团努力。同时,会馆举办了"双亲节",旨在推广中华文化中"百善孝为先"的美德。(索引号:M 华侨 20180709003)

2018年09月18日　马来西亚《东方日报》发表文章《中国使馆支持中企,与马互惠合作》,报道了中国大使馆为支持中国企业,与马来西亚方面提出互惠互利的合作。文章表示中国驻马大使馆会对海外投资的中国企业给予协助,但不会存在所谓优先权,而是鼓励有信誉和有实力的企业遵守法律,履行国际同行的商业准则。据报道,福建省与马来西亚有着浓厚的情谊关系,在很多方面有着许多联系,如教育、文化、旅游等。福建省省长唐登杰欢迎大马投资者参与福建的建设,双方能够在产能、电子及工业制造等高端产品上有更多的合作。(索引号:M 东方 20180918004)

2018年10月12日　马来西亚《华侨日报》发表文章《兰瑙福建会馆会员乡亲热烈庆中秋,环保灯笼七彩缤纷》,报道了兰瑙福建会馆于09月29日举办一年一度的中秋节联欢会,并颁发了会员子女学业优良奖励金。当晚节目除了卡拉OK和妇女组的舞蹈比赛、灯笼比赛,还有独具特色的语言游戏,只要讲对福建话就有奖,意在让大家多学方言。(索引号:M 华侨 20181012004)

2018年12月22日　马来西亚《东方日报》发表文章《传承文化凝聚力量,会馆仍有存在价值》,报道了森美兰福建会馆黄毓华就会馆存在价值遭到的质疑进行了反驳。她表示,福建会馆仍有存在的价值,可作为凝聚乡贤力量、传承族群文化及扩大人脉的平台。会馆将展开"我是福建人"活动,到各个区域召集族群加入,借此也可统计州内福建人的数据。此外,会馆也可以让更多年轻人了解到籍贯的根源,会馆呼吁年轻族群能踊跃加入,继续传承文化,包括继续传承福建方言。(索引号:M 东方 20181222005)

2019 年

2019 年 01 月 21 日　马来西亚《华侨日报》发表文章《沙巴中华大会堂与亚庇福建会馆有强烈共识:携手维护华人传统文化》,讲述了沙巴中华大会堂和亚庇福建会馆在维护华人传统文化上的合作。沙巴中华大会堂感谢亚庇福建会馆对他们举办的新春活动给予的鼎力支持和协助,并特别赞扬了亚庇福建会馆对主办新春活动的理解和支持。文章还介绍了即将在沙巴举行的"己亥年新春嘉年华"活动,包括文化舞蹈表演、歌唱比赛、时尚舞林高手竞赛和烟花爆竹表演等。此外,还介绍了 02 月 09 日的"己亥年新春大团拜"活动。(索引号:M 华侨 20190121001)

2019 年 02 月 03 日　马来西亚《诗华日报》发布文章《福建人过年习俗与年菜》,提及除夕当天福建人过年习俗及祭拜,其中多有讲究。如祭拜仪式里,祭品中一定要有三牲;祭品要有 12 碗;年糕、年饼、水果也不可或缺等。另外,在农历十二月十六"尾牙"祭拜大伯公也尤其受平时有商务往来的商人们重视。(索引号:M 诗华 20190203001)

2019 年 02 月 09 日　马来西亚《光华日报》发表文章《探讨开办闽南语班,梁伟宏:续推广福建文化》,报道了槟榔州福建会馆希望开闽南语班来改善槟城学生福建话不流利的趋势。槟榔州福建会馆总务准拿督梁伟宏表示,该会将在会议上讨论是否为福建籍贯的在籍学生开办"闽南语班",以推广福建文化,促进乡人联系,谋求乡亲福利。福建会馆主席和顾问均表示,该会致力于推动福建文化的发展,并表示将在集思广益的基础上做出改善。(索引号:M 光华 20190209001)

2019 年 02 月 13 日　马来西亚《东方日报》发表文章《姓周桥拜天公,财长槟首长齐参与盛事》,报道了以福建人居多的马来西亚槟城在新年期间举办的拜天公盛事。姓周桥是槟城最热闹的庆典地点之一,吸引了本地民众和游客参与。庆典包括拜天公仪式、文化表演和传统舞蹈等活动。政府也

	拨款支持这项庆典,旨在丰富文化表演的内容,让庆典更加热闹。报道也提到了一些关于福建人的传统文化和语言遗失的问题。(索引号:M东方20190213001)
2019年02月19日	马来西亚《东方日报》发表文章《带出籍贯文化,游神花车更多惊喜》,报道了柔佛新山古庙游神活动的举办,各会馆都准备了精心设计的花车,其中福建会馆队伍最长,今年安排了7辆花车参赛。文中介绍了各自会馆的花车凸显各自籍贯文化生活的特色,活动主要是为了传承文化以及营造应节气氛。(索引号:M东方20190219002)
2019年06月13日	马来西亚的《东方日报》发表文章《槟入遗街头庆典,了解各社群文化》,报道了槟城华人的两种传统文化习俗:新生儿满月的典礼和福建人的小孩度晬。在新生儿满月时,父母会制作红龟粿、红鸡蛋、黄姜饭和咖喱鸡等食物,送给亲戚朋友作为礼物,而这些礼物都有吉祥寓意。福建人小孩满周岁时,父母会让孩子在不同的物品中做出选择,以预测他们未来的职业和发展方向。这些传统文化习俗在现代已经逐渐被人们遗忘,因此槟城华人公会希望通过入遗街头庆典等活动,让更多人了解这些文化历史故事。(索引号:M东方20190613003)
2019年06月14日	马来西亚《中国报》发表文章《"一带一路"中国福建古迹考察团访泉州推广关公文化》,报道马来西亚关公文化推广中心领导的"马中一带一路中国福建文化古迹考察团"到访泉州通淮关岳庙。据报道,中国福建省泉州通淮关岳庙董事兼秘书长认为,在中国域外地区都积极提倡关公文化,而关公文化必须延续,让大家通过此次活动更深入了解关公精神。马来西亚关公文化推广中心此行拨出3000元人民币协助当地重修庙宇。除此之外,泉州少林寺武术教练兼知客师振法师傅也希望借由"一带一路"的发展,将少林武术带到马来西亚等国家。(索引号:M中国20190614001)
2019年06月27日	马来西亚《中国报》发表文章《颜天禄:促进中外交流,闽籍力量不可或缺》,报道了马来西亚中国公共关系协会副会长颜天禄接待来马访问的中共福建省委统战部常

务副部长时指出,祖籍福建的海外华人群体庞大,闽籍社群是促进中外交流不可或缺的民间力量。他指出,福建籍在大马华人人口中占有比例大,未来两地华社更应实际搭建马中民间沟通平台,弘扬中华优秀传统文化,推动民间友好交往活动。随着世界闽南文化节在2016年首次走出中国地区,移师甲州举行,大马特别是甲州已逐步成为闽南文化传播、研讨以及交流的重要据点,该会副会长希望未来更多涵盖文化、教育甚至商贸的闽南活动能够持续落地开展,间接惠及马中两地人民。(索引号:M 中国 20190627002)

2019 年 07 月 04 日　马来西亚《华侨日报》发表文章《沙中总会长刘顺泰偕随员在北京与多位福建籍领导交流,盼推动经贸合作及文化互动》,报道了沙巴中国总商会会长刘顺泰在北京与多名福建籍领导会晤。会上,刘大力推介沙巴各方面的资源、产业优势、地理位置优势和政府愿意提供的利好政策,希望推动中国和沙巴的经贸合作和文化交流,吸引更多中国商人到沙巴投资。他也透露沙巴政府高度重视"一带一路"倡议,并邀请各位领导到沙巴考察交流。(索引号:M 华侨 20190704002)

2019 年 07 月 09 日　马来西亚《华侨日报》发表文章《柔古来福建会馆代表团到访,叶参率理事欢迎及交流,为往后合作奠下基础》,报道了亚庇福建会馆主席拿督叶参局绅与柔佛古来福建公会三机构的友好交流会。拿督叶参局绅表示,透过零距离与交流,让双方更了解各自组织和活动概况来促进与巩固情谊。文章也介绍了该馆的历史和宗旨,其中包括扶持祖籍福建同乡,建立和密切乡亲联系等。同时,叶参局绅还简单介绍了亚庇福建会馆的组织和发展历程,强调会馆的理事会和臂膀组织包括青年团、妇女组、文教组、福利组、互助组、文娱组和联系组。(索引号:M 华侨 20190709003)

2019 年 08 月 06 日　马来西亚《星洲日报》发表文章《福建美食:7 日古晋节登场》,报道了古晋福建公会妇女组将推售福建五属籍贯传统美食和糕点。据报道,该会妇女组将一连 3 晚在古

	晋民众会堂华裔家乡风味美食摊位售卖福建美食。为此,该会通过《星洲日报》的报道呼吁乡亲及群众踊跃前往购买并尝试福建美食的独特之处。(索引号:M 星洲 20190806001)
2019 年 08 月 11 日	马来西亚《星洲日报》发表文章《古早好味:东石芋圆、面粉糕汤、福建炒面——福建传统好味道》,介绍了马来西亚霹雳太平的福建美食。据报道,大约在 1940 年,因锡矿吸引了许多中国人前来太平,当时以客家人和广东人为主。随着福建人的到来,太平逐渐成为福建人的主要聚居地。该报道详细介绍了当地的福建美食,包括福建炒面、芋圆、面粉糕等。文章也简要介绍了各美食的由来、制作方式和所需材料。(索引号:M 星洲 20190811002)
2019 年 09 月 17 日	马来西亚《华侨日报》发表文章《第九届全州福建美食烹饪赛暨品尝会:吴添泉促政府机构及政治人物,勿与人民争饭碗抢生意》,报道了于 09 月 16 日举办的第九届全州福建美食烹饪赛暨品尝会。马来西亚华总总会长吴添泉在致辞时,呼吁联邦政府把权力下放给沙巴。他也强调,绝大部分华人支持政府,希望政府对华商不要打压,而是给予保护。此外,他认为这样的比赛是传承中华文化的一部分,可以在明年出版特刊记载,让美食能够流传千万年。在马来西亚日这样的日子,他希望东西马一家亲,为马来西亚团结基础做好榜样。(索引号:M 华侨 20190917004)
2019 年 10 月 05 日	马来西亚《中国报》发表文章《配合 123 周年会庆主办下月"我是福建人"晚宴》,报道森美兰福建会馆配合 123 周年的会庆,即将主办的"我是福建人"联欢晚宴。该会会长称,此次会庆没有对外进行筹款,而是采取宴请方式来邀请州内的华团代表,参与福建会馆的年度大事。此外,会长表示该会希望通过此方式,提拔青年团并为会馆培养人才。与此同时,该晚宴也将以福建菜及福建文化相关节目表演为主。(索引号:M 中国 20191005003)
2019 年 11 月 15 日	马来西亚《诗华日报》发布《买机票搭经济舱:福建妈祖搭机出国参加活动》一文,报道了福建莆田的"湄洲妈

	祖"像于11月13日从福建搭机启程前往泰国曼谷,参加"妈祖下南洋·重走海丝路"活动进行文化交流。该活动吸引了不少来自泰国、菲律宾以及中国台湾、澳门等地的信众在曼谷机场聚集。同时,妈祖亦拥有实名机票,搭乘经济舱。莆田市人大常委会主任阮军表示,莆田正在打造世界妈祖文化中心,期待发挥妈祖文化交流纽带作用。(索引号:M诗华20191115002)
2019年11月17日	马来西亚《东方日报》发表文章《孙和声:大马华族之缘起》,报道了马来西亚华族的族群构成和分布情况。文章主要阐述了大马华人的语言使用缘由,他们大部分来自南方沿海地区如广东省和福建省,并指出华族从以前到现在都很有一体感,在马来西亚土地上较为占据优势。文末指出华族需要共同努力、频繁与外界交流才能共存共荣共赢。(索引号:M东方20191117004)

2020年

2020年01月04日	马来西亚《东方日报》发表文章《力保希望之谷,争取纳文遗》,报道了马来西亚福建总商会会长丹斯里邱财加呼吁政府保留双溪毛糯的希望之谷,并将其纳入文化遗产。文中介绍了希望之谷乃世界第二大麻风病院,并说明了自创立至今这里已有80年的历史。如今,该地区只有福建同乡会,其他13个乡缘会馆已经消失。邱财加希望政府能够保留希望之谷,并为康复者提供更好的服务。(索引号:M东方20200104001)
2020年02月02日	马来西亚《诗华日报》刊登文章《跟足福建习俗热闹隆重,黄鸿圣私邸拜天公仪式》,表示古晋南市市长拿督黄鸿圣今年依然在私邸举办了祭拜天公盛会。仪式包括迎八仙和财神、舞麒麟、舞龙等传统福建习俗,亦有天公坛、龙狮及歌剧表演。拿督黄鸿圣祈求新的一年国泰民安,顺风顺水。此外,初九拜天公于福建人而言如除夕过小年,此传统民俗源远流长,表达了劳动人民辟邪除灾、迎祥纳福的美好愿望。(索引号:M诗华20200202001)

附录二　马来西亚华文媒体中有关福建文化软实力的新闻报道(含索引号)

2020 年 02 月 13 日	马来西亚《中国报》发表文章《颜天禄：丰富闽南文化库，探讨与台湾书院合作》，报道马六甲闽南书院与台湾清欢书院建立合作关系，从而获取相关南洋福建社群的珍贵文献史料，以便丰富甲州闽南民俗文化的文库。马六甲闽南书院院长称，马六甲闽南籍华人居多，随处可见历史遗物及民间习俗，但史料、数据等却并不丰富、完备。他指出，此次合作能加强推动闽南历史文化研究并促进群众对籍贯背景的认识与了解。（索引号：M 中国 20200213001）
2020 年 03 月 15 日	马来西亚《华侨日报》发表文章《为拿督福建会馆理事会就职宣誓，谢志明冀新政府全力拼好经济，落实更多亲商惠民政策》，报道了拿笃福建会馆理事会举办了就职仪式。嘉宾谢志明表示希望新任全体理事继续精诚团结，推动会务。他提到，会馆创建以来，一直团结同乡，共谋福利，也努力发展公共慈善事业。陈金鼎主席也强调要关注国家和世界时事的发展，并希望政府在华裔人口减少、新冠疫情暴发、经济低迷的情况下，落实更多亲商、惠民、利国政策来共渡难关。（索引号：M 华侨 20200315001）
2020 年 03 月 21 日	马来西亚《诗华日报》发表《笃福建会馆号召群众，远距离为医务人员打气》一文，提及沙巴州拿笃福建会馆乡亲号召民众和网民，远距离给正在前线奋战的医护人员加油打气。该会馆青年团执委、拿笃青运支会主席郑文静受访时表示，该行动旨在呼吁公民在全国行动限制令期间，要做好自己的角色。她也欢迎目前宅家的朋友们能响应号召，戴上口罩、提升防护意识，并手持一张 A4 纸张，写下大家的话语，拍摄一张照片，相互鼓励，一起战胜新冠病毒。（索引号：M 诗华 20200321002）
2020 年 03 月 26 日	马来西亚《诗华日报》发表《远程视频会议分享抗疫经验，砂灾管会与福建省专家合作》一文，提及砂拉越灾难管理委员会和公共卫生专家连同政府医院等医务人员，于 03 月 25 日与福建卫生抗疫人员进行了远程医疗会诊视频会议。砂政府通过此会议，与福建省处于抗疫一线、经验丰富的专家们，就冠病疫情分享资讯、提出意

见,交流应对疫情的经验。砂地方政府及房屋部长拿督斯里沈桂贤表示,福建省与砂拉越是友谊省州,关系密切。对于砂拉越近期出现的冠病疫情,福建省医疗团队伸出援手,雪中送炭。(索引号:M 诗华 20200326003)

2020 年 04 月 09 日	马来西亚《诗华日报》发表《牵线四川、福建与山东,沙马中联谊移交沙物资》一文,报道了沙巴马中联谊会于当日移交了总值 10 万令吉卫生防护用品的第一批捐赠品,给予州卫生及人民福祉部,部长拿督潘明丰代表接收。潘明丰表示,捐赠品包括福建省人民对外友好协会捐赠的 5000 个 N95 口罩,以及厦门市海联会、厦门市人民政府侨务办公室以及厦门市归国华侨联合会捐献的 10000 个一次性普通口罩。他亦表达了对沙巴州政府、中国驻马大使馆与驻亚庇总领馆紧密配合的感激之情。(索引号:M 诗华 20200409004)
2020 年 06 月 17 日	马来西亚《南洋商报》发表文章《各籍贯口味各具特色,福建咸肉粽最受欢迎》,报道了一位 40 岁的柔佛州东甲县潮籍青年黄春颉分享了他自学的福建咸肉粽的做法。在复苏管控期间,他鼓励人们可以尝试在家做咸肉粽,满足端午节时的"粽"欲。黄春颉强调了选购纯正糯米、备料提前腌制以及煮粽叶和草绳的时间等细节,他认为传承传统、纯手工和古早味的裹粽做法更加重要,而不是特意通过推销自制粽子来促销。他还提到了他尝试过的其他口味的粽子,如素粽、碱水粽和娘惹粽,以及他今年尝试制作的九料肉粽。(索引号:M 南洋 20200617001)
2020 年 08 月 10 日	马来西亚《南洋商报》发表文章《缅怀父亲》,述说了作者对出生在中国福建小村的父亲的怀念之情。作者的父亲出生于中国福建,后来远赴马来西亚谋生,但生活艰辛,仅靠着做小生意勉力维持生计。尽管他识字不多,但能阅读华文报纸,后来报社改用简体字后也能大致读懂。80 岁时,父亲接连做了 3 次手术,变得体弱,最终因病离世。作者对父亲的离世感到惋惜,但他将永远怀念父亲在心中的存在。(索引号:M 南洋 20200810002)
2020 年 08 月 27 日	马来西亚《中国报》发表文章《班村传统美食屹立不倒》,

附录二 马来西亚华文媒体中有关福建文化软实力的新闻报道(含索引号)

报道马来西亚雪兰莪州巴生港口班达马兰新村的传统美食。据报道,该新村村民福建人居多,因此当地有不少福建美食,而当地人也多以清粥作为午餐。通过"悦食堂"栏目,该报道用文字和图片介绍了当地的传统咖啡店和历史悠久的美食馆。报道中介绍的咖啡店,创立于1956年;而海鲜楼创立于1967年。文中介绍了咖啡馆创立以来的相关历史,以及著名的海南面包、海南鸡饭等美食。另外,文中也介绍了海鲜馆的独特番薯粥及其渊源。(索引号:M中国20200827002)

2020年11月07日　马来西亚《南洋商报》刊登文章《高庭裁决,非福建人禁葬隆市福建义山》,详细报道了吉隆坡高庭的一项裁定,规定非福建籍的人士将不得安葬于吉隆坡福建义山。高庭法官颁布了一项永久禁令,禁止买家或其代理人将非福建籍贯的已故者安葬于该地,雪兰莪暨吉隆坡福建会馆向全体会员保证将坚定捍卫这一裁决,以确保吉隆坡福建义山的葬地仅供雪隆福建同乡使用。此外,文章结尾还详细列举了吉隆坡高庭对此裁决的阐明内容。(索引号:M南洋20201107003)

2020年12月11日　马来西亚《南洋商报》刊登文章《童年往事福建面》,生动地描述了作者童年时代在槟城最常吃的小食——福建面。作者分享了槟城作为小吃天堂的美誉,回忆起从小就能品尝到各种美味小吃的幸福时光。福建面在不同地点的价格各异,其制作过程包括精心熬煮虾头鲜汤以及混合独特卤汁的步骤。(索引号:M南洋20201211004)

2020年12月17日　马来西亚《东方日报》刊登文章《新山福建会馆妇女组:传统与新式汤圆迎冬至》,详细报道了新山福建会馆妇女组为迎接冬至准备的传统姜汤汤圆和紫薯椰糖西米露汤圆。往年的这个时候,福建会馆妇女组的会员们通常会在陈旭年文化节的"老街冬至温馨夜"上准备各种美味的汤圆。然而,由于今年受到疫情和管制令的影响,她们决定缩小规模进行庆祝活动。新山福建会馆妇女组主席拿督郭少容表示,考虑到新山仍在执行有条件行管令,因此会馆选择了规模更小的庆祝方式,并限制

了出席人数,使庆祝活动得以简单进行。(索引号:M 东方 20201217002)

2021 年

2021 年 01 月 02 日　马来西亚《星洲日报》发表文章《"欢喜秘密食谱"福建好味,小凤凤向嘉宾偷师》,报道了 Astro 欢喜台将推出烹饪节目"欢喜秘密食谱",收录 26 道福建秘密食谱,邀请福建歌后小凤凤与 Jentzen 林震前主持节目。节目通过网络视频与来自中国和马来西亚各地的福建人交流、学习研发福建美食,并分享秘密食谱背后的感人故事。小凤凤首次主持烹饪节目,希望从嘉宾身上学习更多食谱和料理,得到观众好评,也期待有续季。节目邀请的每位嘉宾都有独特的故事,其中包括福州掌厨人研发母亲传承的 30 年烧肉粽厨艺、历经 80 年传承的福建永春食谱、从泰国远嫁大马福建家庭的媳妇创造的"闽泰"食谱和商业食谱等。(索引号:M 星洲 20210102001)

2021 年 01 月 03 日　马来西亚《东方日报》发表文章《小凤凤首跨界搭档林震前主持烹饪节目》,报道了福建天后小凤凤与林震前合作主持烹饪节目"欢喜秘密食谱"。节目过程中,他们将在节目中展现嘉宾的私藏食谱,尝试挑战传统料理并创新出属于这个时代的福建滋味。由于疫情,他们只能和嘉宾通过网络视频连线。(索引号:M 东方 20210103001)

2021 年 01 月 25 日　马来西亚《东方日报》发表文章《森州福建会馆新春系列活动 02 月开跑》,报道了森美兰福建会馆为迎接农历新年到来,举办了一系列活动。会长拿督黄毓华表示,会馆会以线上比赛模式举办第 26 届"墨海翻腾牛转乾坤"挥春比赛,也将为孤儿院和老人院进行筹款并采购一些柴米油盐。此外,由于疫情,暂定于今年 02 月 21 日举行的新春团拜可能停办,联谊州内各地福建会馆的新春捞生宴也取消了。(索引号:M 东方 20210125002)

2021 年 02 月 05 日　马来西亚《东方日报》发表文章《巴生福建会馆促政府放宽新年 SOP》,报道了巴生福建会馆会长苏学民向政府

	请求在不严重影响疫情管控的情况下,放宽华人在新年期间回家吃团圆饭和拜年的限制。吃团圆饭和拜年是华人重要的习俗,且去年因为疫情管控,很多家庭不能团聚,今年能过年就显得更为重要。(索引号:M 东方 20210205003)
2021 年 02 月 19 日	马来西亚《诗华日报》发表文章《福建人拜天公大过年,拜天公供品你知多少?》,报道了许多福建人已在大年初八前夕,筹备当晚拜天公的供品。在福建俗语中,"福建人拜天公大过年"。尽管今年受到疫情及行动管制令的影响,但仍不影响槟城福建人拜天公的习俗。拜天公最主要的贡品有象征着节节高升的甘蔗和用金纸折成的元宝、莲花,也称"天公金"。除此之外,发糕或米糕、五兽、三牲或五牲、茶酒、清素六斋、蜜饯、水果等也较为常见,皆有寓意。(索引号:M 诗华 20210219001)
2021 年 02 月 20 日	马来西亚《南洋商报》发表文章《疫情下拜天公一样隆重热闹》,报道了在实施行动管控指令(MCO)期间,政府允许华裔社群可根据福建人习俗,于大年初八晚间至年初九凌晨,在住家范围内进行"拜天公"的祭拜仪式。(索引号:M 南洋 20210220001)
2021 年 02 月 23 日	马来西亚《南洋商报》发表文章《南视界:福建永春年菜诚意十足》,报道了吉隆坡永春会馆特别介绍封肉这一道非常传统的闽南菜。封肉的发音有丰富、丰盛之意,象征着封官高升。封肉是用小火慢炖猪肉煮至肉熟入味,肉的口感好吃,汤汁美味。此外,配碱水白糕也是一种美味的搭配方式,香糯不腻,为过年时的丰盛餐桌增色不少。(索引号:M 南洋 20210223002)
2021 年 02 月 24 日	马来西亚《东方日报》发表文章《"春映边城"全柔挥春大赛,"福"字斗方发挥创意》,报道了新山福建会馆与马来西亚国际现代书画联盟柔州联委会联合举办的第十六届"春映边城"全柔挥春大赛。鉴于疫情防控的需要,此次比赛采用线上形式举行,然而依然引起了热烈的响应,共收到来自全柔的 243 幅邮寄参赛作品,并新增了"福"字斗方创意比赛。新山福建会馆会长拿督斯里郑

	金财表示,中华文化的传承不会受到疫情的干扰。(索引号:M 东方 20210224004)
2021 年 03 月 23 日	马来西亚《诗华日报》发布文章《联合福建公冢挂三语告示,今年清明不开放扫墓》,宣布槟城福建联合公冢的义山及灵塔在清明节不开放扫墓。若有民众因违反标准作业程序遭罚款,该会将不承担任何责任。槟城华人义山联合会在 03 月 20 日的声明中表示,基于槟州疫情仍然严峻,大部分坟场范围广阔、难执行标准作业程序,因此今年将不开放清明拜祭。(索引号:M 诗华 20210323002)
2021 年 04 月 06 日	马来西亚《中国报》发表文章《福建:寻根品茶觅美食》,推荐了福建旅游景点、文化及美食。中国福建旅游海外合作推广中心通过《中国报》"出游有理"栏目介绍了鼓浪屿、武夷山三大世界文化遗产、田螺坑土楼、沙茶面及大红袍文化。作者通过文字和图片向读者介绍各个旅游景点的由来和特点。通过介绍沙茶面等福建美食,作者也提到这些美食和马来西亚福建美食的相似处。最后,作者介绍了大红袍的出处及茶文化。(索引号:M 中国 20210406001)
2021 年 04 月 25 日	马来西亚《中国报》发表文章《福建会馆延续护华教精神,隆中华续租校地 30 年》,报道吉隆坡中华独中与雪隆福建会馆续约校地租赁合同,以便双方长远合作,并传承华文教育。隆中华与福建会馆于 1992 年签署 30 年租约,并将在 2022 年届满后,再续约 30 年。据报道,双方都是带着不忘推广华文教育的初心和共识,来签订此次合约。此外,该校也制订了《2021—2025 教育发展蓝图》,以推动全人教育,从个人到群体,养成主动积极的学习习惯,坚持科学创新,放眼全球汲取新知,探讨可持续发展之道。除此之外,隆中华董事会也启动"百万献中华"筹款建设该校联课外活动中心。(索引号:M 中国 20210425002)
2021 年 05 月 09 日	马来西亚《光华日报》发表文章《陈坤海:槟城福建话日渐式微,家长应使用方言与孩子沟通》,报道了槟城州福建会馆主席丹斯里陈坤海鼓励家长在日常生活中用福

建话跟孩子对话,以挽救槟城福建话。根据该报道,该会会长在出席 2021 年"好胆你就来"槟城福建话演讲比赛颁奖典礼时指出,家长平时除了用三语与孩子沟通,也该尝试说福建话。这项福建话演讲比赛旨在唤醒槟城人对槟城福建话日渐式微的警觉性,从而避免槟城福建话的没落衰败。此外,槟州福联青团长吕孙川称槟城福建话有自己的特色及味道,并建议以鼓励及奖励的方式推动与传承。(索引号:M 光华 20210509001)

2021 年 08 月 07 日　马来西亚《光华日报》发表文章《陈龙金:传承福建文化语言,08 月 01 日至 12 日 Youtube 免费》,报道了在 Youtube 上公开播放的动画片《十二生肖槟城福建特别版》,以一种为观众增添乐趣的方式将福建的语言和文化更好地传承下去。它是根据中华传统故事,二度创作得来。马来西亚国际故事人陈龙金说,其团队向来都在线下举行推广福建话的活动,5 年前开始策划线上视频播放活动。(索引号:M 光华 20210807002)

2021 年 08 月 15 日　马来西亚媒体《诗华日报》发表文章《疫下用音乐照亮他人生命,陈威全 20 周年大计要发福建专辑》,介绍了马来西亚的创作歌手兼音乐人陈威全在疫情防控期间规划的"出道 20 周年大计",其中包括发布一张福建歌专辑。陈威全表示,他产生了制作福建歌曲的奇思妙想,因为他的祖籍是福建厦门,但自己却一句福建话都不会说,这让他感到有些尴尬。他希望通过上正音课、向朋友请教,以及在录音时逐字学习发音,竭尽全力将这张福建歌专辑做到最好。(索引号:M 诗华 20210815003)

2021 年 08 月 17 日　马来西亚《南洋商报》发表文章《森福青团联谊乡情,办"我是福建人"线上交流》,报道了森美兰福建会馆青年团的"我是福建人"乡情永续线上交流会。森美兰福建会馆青年团团长刘永达指出,此活动主要是通过与马来西亚的闽籍青年团交流,让彼此互相学习,联谊乡情。他希望今次的交流会能有抛砖引玉之效,欢迎全国各地的闽籍会馆青年团共襄盛举。(索引号:M 南洋 20210817003)

2021 年 08 月 20 日　马来西亚《东方日报》刊登文章《新纪元人文学堂系列 1:

华商先辈,人文情怀》,介绍了该人文讲堂第五场讲座于08月19日圆满举行。主讲人许源泰博士介绍了华商先辈李俊承的创业历程,从他在中国福建省永春县出生,到17岁随父远赴南洋从商,再到25岁创办芙蓉福建会馆,并担任该会馆首任总理。这一系列故事启示新一代华商要缅怀祖业的成就,铭记文化传承的责任,共同创造美好未来。(索引号:M东方20210820005)

2021年09月18日　马来西亚《中国报》发表文章《巴生福建会馆,今线上庆中秋》,报道了马来西亚巴生福建会馆线上中秋活动。自2020年起,巴生福建会馆因疫情将中秋活动改为线上进行,今年延续线上庆祝方式。其中中秋活动包括猜灯谜、制灯笼等。该活动由巴生福建会馆青年团主办、妇女组协办,并通过脸书直播进行。今年庆中秋将会进行两项活动,分别是开放灯笼制作工作坊给巴生华文小学学生参与制作,以及中秋必备的传统游戏"猜灯谜"。(索引号:M中国20210918003)

2021年09月22日　马来西亚《南洋商报》发表文章《巴生福建会馆风雨不改,新常态续办中秋活动》,报道了巴生福建会馆坚持风雨不改,以线上新常态方式,延续举办超过30年的中秋节活动。苏学民表示,无论何种形式的庆典,都主要是让优秀的中华传统庆典节日文化得以代代传承,并融入成为大马文化及各族同庆的节日。此外,文章也详细介绍了活动的一些细节。(索引号:M南洋20210922004)

2021年10月21日　马来西亚《东方日报》发表文章《造心厂〈IKAT肚脐带〉剧场,福建话演出守护方言文化》,报道了造心厂剧坊成立30周年之际,推出了以福建话为主要媒介语的音乐舞台剧《IKAT肚脐带》,借此推广方言。槟州旅游与创意经济事务行政议员杨顺兴指出,方言是保留华人特色文化的重要元素。(索引号:M东方20211021006)

2021年10月26日　马来西亚《诗华日报》发表《沈桂贤:欢迎福建人来砂经贸合作》一文,砂拉越地方政府及房屋部长拿督斯里沈桂贤医生欢迎福建省领导与人民常来砂交流,以及展开经贸合作。沈桂贤表示,砂拉越拥有许多有利的条件,包括气候、地理环境、人口、交通等,因此希望访砂是一件轻松、无压力的事。同时,砂拉越很多华人从福建一带迁居于此,福建省政府一直与砂政府保持紧密合作,抗疫期间更为显著。沈桂贤感谢福建省副省长康涛提出的建议,认同彼此有着相当多的合作机会,之后当携手共同努力向前迈进。(索引号:M诗华20211026004)

2021年10月27日　马来西亚《南洋商报》发表文章《林福山:福联会拟隆会所建文史馆》,报道了马来西亚福建社团联合会计划在吉隆坡会所内建立一所文史馆,以让国人认识到福建人来马谋生及扎根的历史。福联会总会长丹斯里林福山表示,这是要让各族群众更加认识福建籍华人,也希望各族人民明白及认同华人在建设和发展大马上有显著的贡献。(索引号:M南洋20211027005)

2021年11月05日　马来西亚《诗华日报》发布文章《挑战福建歌邀陈薇芝作词,罗忆诗录歌过程泣不成声》,介绍了马来西亚华人歌手罗忆诗发行的全新单曲《心肝宝贝》为福建歌词。罗忆诗表示,自己从一开始就认定这首曲子一定要搭配福建歌词,于是邀请被誉为"福建歌祖母"的歌手陈薇芝来填词。同时,由于行动管制令不断延长,罗决定跳出舒适圈,选择完全的隔空操作,即远程完成歌曲的制作全过程。(索引号:M诗华20211105005)

2021年11月08日　马来西亚《中国报》发表文章《线上福建歌曲比赛欢迎有兴趣业余歌手报名》,报道了新山福建会馆举办的"2021年线上福建歌曲比赛"。活动总协调在记者会中指出,该比赛旨在传承福建话并为福建歌曲爱好者提供平台展现才华。该比赛按年龄分为两个组别,每组限制人数100名。各组有分冠、亚、季军和第四名,以及最佳人气奖、精英奖、特优奖,所有参加者可获得电子证书。另外,新山福建会馆副会长也提到,该会妇女会将举行"福建好料"线上直播,烹饪福建料理。(索引号:M中国20211108004)

2021年11月26日　马来西亚《联合日报》发表文章《槟再有33古迹列州级国家遗产》,报道了33个被列入槟城州级国家遗产的古迹。这其中包括乔治市的风车路锡克庙以及威北的瓜革巴考古文化馆。槟州遗产专员表示，将这些项目列为州遗产的目的在于在它们升级成为国家遗产之前，先依据州宪法予以认定。他指出，槟城拥有一系列建筑物和遗址，如康华丽斯堡、邱公司、观音亭、甲必丹吉宁清真寺、打石街清真寺以及圣乔治教堂，根据《国家遗产法令》被列为州级国家遗产。此外，他认为，马来甘榜、华人新村、渔村以及槟城福建文化等其他项目也值得考虑纳入遗产名录。（索引号：M 联合 20211126012）

2021 年 12 月 08 日　马来西亚《东方日报》发表文章《为保存槟城福建话，槟政府拟宪报为非物质文化遗产》，报道了槟州政府计划通过将"槟城福建话"列为槟州非物质文化遗产，确保这个特殊方言得以保存及广泛使用。福建方言作为槟城土生土长华人的语言，年轻一代已逐渐减少使用。州政府还支持庇能福建话协会（HLAP）的"讲福建话"运动，并拨款给乔治市世遗机构及非政府组织，进行宣扬福建话的活动，如定期表演"福建戏曲"及"福建木偶戏"。（索引号：M 东方 20211208007）

2021 年 12 月 17 日　马来西亚《星洲日报》发表文章《巴生福建会馆汤圆品尝会，29 传统佳肴飨嘉宾》，报道马来西亚巴生福建会馆妇女组举办的汤圆品尝会。据报道，该活动以"掌心搓汤圆，阖家庆冬至"为主题，24 名妇女组成员组成春、夏、秋、冬 4 个团队，呈献 29 道形形色色的创意汤圆及古早味福建美食，让嘉宾参与及品尝。自 2013 年起，该会不间断举办活动，但因疫情而被迫停办。今年，该会才重新举办冬至活动。另外，该会会长也在开幕致辞中感谢妇女组重新举办冬至活动，以对华人传统文化加以传承，并推广福建美食。（索引号：M 星洲 20211217002）

2021 年 12 月 22 日　马来西亚《中国报》发表文章《新生代对籍贯一问三不知，竟有人答："我是马来西亚人"》，报道了森美兰福建会馆文教主任通过该会疫情助学金开放予非会员申请，意外发现今学生对自己祖籍的不了解。据报道，该会 2021 年度疫情助学金开放给该会会员及非会员的福建人。但在申请过程中询问相关学生的籍贯,却意外获得许多不同的答案。该主任称,部分学生被问及籍贯时的作答一般为"华人""马来西亚人"等。因此,他认为该会馆需要继续推广"我是福建人"运动,帮助下一代了解先贤的祖籍及历史。(索引号:M中国20211222005)

2021年12月31日　马来西亚《诗华日报》发表《新山福建会馆推抗疫主题游神衣,民众可到虾皮网购》一文,介绍新山福建会馆以抗疫为主题的2022年柔佛古庙游神衣出炉。在该设计中,会所侍奉的洪仙大帝一手持疫苗针,一脚则不再踩着老虎,而是踩着病毒,象征"共抗疫情,你我同行"。会馆主席郑金财在发布会上表示,该Q版洪仙设计与往年大不同,更具收藏价值。同时,该会特别通过电商平台虾皮售卖这款游神衣,以方便海内外购买。(索引号:M诗华20211231006)

2022年

2022年01月04日　马来西亚《南洋商报》发表文章《太平书法苑福青团联办挥春比赛》,报道了由太平书法苑与太平福建会馆青年团联办的"2022年福虎生威迎新春挥春比赛"。比赛在太平福德祠(大伯公)百年老庙举行,书法苑负责人胡晓玟现场售卖春联、横批和斗方书法,所得款项将捐赠给福德祠。比赛结果公布了金奖、银奖和铜奖获得者名单。(索引号:M南洋20220104001)

2022年01月07日　马来西亚《诗华日报》发表文章《沙纳福建社团联合会下月办理事就职暨新春大团拜》,报道了沙巴及纳闽福建社团联合会近期将举行新一届理事会宣誓就职典礼暨新春大团拜。联合会领导人吴添泉表示,疫情严重影响了全民的生活及传统习俗,导致在外工作的子弟无法回乡探亲过年。而今年因州内疫情放缓而渐宽松的行动管制让在外的游子有机会回乡度岁,将使这次新春团拜意义斐然。除了欢度春节的团拜之外,沙闽福联会也将于当晚进行理事会、青年团及妇女组各机构的就职仪

式。(索引号:M 诗华 20220107001)

2022 年 01 月 09 日	马来西亚《东方日报》发表文章《肯定华团在推动马中经贸扮演角色,魏家祥感谢福联会的贡献》,报道了交通部长兼马华总会长拿督斯里魏家祥肯定了华人团体在促进中马两国经济、政治、社会与文化交流上做出的贡献。他还着重感谢了马来西亚福建社团联合会对国家经济和社会的贡献。此外,大马福联会今晚也捐献了 10 万个口罩给交通部。(索引号:M 东方 20220109001)
2022 年 01 月 12 日	马来西亚《南洋商报》发表文章《谈谈猪红》,报道了住在马来西亚的作者去到晋江五店市观光,品尝具有闽南特色的著名小吃"大肠猪血汤"。作者回忆起童年时母亲做的有关猪血的料理,以及自己当屠夫的职业生涯。文章还介绍了猪血的营养价值和调制猪红的小秘诀,包括盐水的适量和猪血的处理方式。最后,文章提到了猪红可以清炒或烹煮,并配以韭菜、辣椒、葱、蒜、姜酒等佐料。(索引号:M 南洋 20220112002)
2022 年 01 月 15 日	马来西亚《南洋商报》发表文章《美食资讯:莆田盆菜新创年菜》,报道了一群莆田厨师在创办人方志忠的带领下,在新加坡新创莆田盆菜。该菜的特点是健康、原汁原味,一些有代表性的菜品有蛏干、南日鲍、莆田盐卤豆腐、妈祖面线。(索引号:M 南洋 20220115003)
2022 年 01 月 17 日	马来西亚《南洋商报》发表文章《蔡尚晖盼"福建巷"成旅游景点》,报道了吉兰丹福建会馆会长蔡尚晖希望将"福建巷"发展成哥打峇鲁市新兴旅游景点,并举办系列活动增添农历新年气氛。会馆与其他团体合作,在 01 月举办了夜市活动,售卖食品、服装和年货。开幕式由吉兰丹民族团结、文化、遗产及旅游委员会主席等嘉宾主持,莫哈末阿尼占表示赞赏并希望未来的壁画项目能够展现福建人的文化精神,且促进各族人民的融洽与和谐,同时呼吁保持地方的清洁。(索引号:M 南洋 20220117004)
2022 年 01 月 19 日	马来西亚《星洲日报》发表文章《新山福建会馆不忘祖辈初心,线上办传承活动,续发扬文化》,报道了由马来西亚柔佛新山福建会馆主办的"福建尾牙宴"。据该会馆

主席,该会因疫情而在过去 26 个月线上进行所有活动。此次宴会也因疫情缘故以闭门形式进行。即便如此,会馆仍感谢理事们通过新常态进行活动,以将福建及闽南风俗进行传承。该会长指出,团结就是力量,希望各民族更团结,合理推广传统文化。另外,政府也需要更开明,以便提升新生代对传统文化的兴趣。(索引号:M 星洲 20220119001)

2022 年 01 月 22 日　马来西亚《星洲日报》发表文章《新山客家福建会馆联手呈献 5 道年菜传承饮食文化》,详细报道"福客团圆,以厨会友"美食联播节目来到第二集。据报道,该节目由马来西亚柔佛新山客家公会与福建会馆的妇女组联办,通过脸书直播进行。该节目旨在传承传统饮食文化。新山客家公会和新山福建会馆的妇女组成员共呈现了 5 道年菜,展示了传统饮食文化和家乡味道。新山客家公会呈现的是"花开富贵年有余"和"蚝气冲天庆新年",新山福建会馆呈现的年菜则是"顺风顺水好运年(竹笋香菇肉圆羹)"、"五福临门(五香肉卷)"和"年年有余行好运(孔雀开屏)"。民众可以通过脸书观看直播视频,也可以参考上载的食谱学习。(索引号:M 星洲 20220122002)

2022 年 01 月 23 日　马来西亚《南洋商报》发表文章《巴生福建会馆点亮 688 盏红灯笼》,报道了巴生福建会馆点亮 688 盏红灯笼,寓意着吉祥如意。在疫情和大水灾情后,这能为巴生市增添新春喜气。此外,依照福建文化的传统,福建会馆将于今年大年初九上午,如常举办拜天公仪式。在新春系列活动上,福建会馆周五上午也举办了施赠贫老活动,并分发 500 份红包和礼物给贫老。(索引号:M 南洋 20220123005)

2022 年 01 月 24 日　马来西亚《南洋商报》发表文章《文化会演吸引人,丹福建会馆迎春闹哄哄》,报道了马来西亚吉兰丹州福建会馆举办的新春文化会演。活动包括舞狮表演,特别安排了虎头表演以配合即将到来的虎年。虽然受限于现场空间,舞狮团无法进行大幅动作,但与观众的小互动仍让人们乐开怀。活动还包括其他文艺表演,吸引了众多观众和粉丝参与。(索引号:M 南洋 20220124006)

2022年01月24日	马来西亚《南洋商报》发表文章《周世扬建议森福建会馆,增挥春海外赛弘扬文化》,报道了森美兰福建会馆举行"墨海翻腾虎啸风生"挥春比赛以此来把书法文化发扬光大。森州福建会馆青年团团长李荣耀表示,活动将在线上和线下举行,大会也邀请了三位书法家泼墨。此外,该报道也公布了森美兰福建会馆的挥春比赛成绩。(索引号:M南洋20220124007)
2022年01月26日	马来西亚《南洋商报》发表文章《莆田第10分店落户武吉加里尔柏威年》,报道了莆田(PUTIEN)餐厅大马区第十间分店开业。这家餐厅是为了让更多人更轻易地品尝到莆田呈现的地道福建菜。报道介绍了菜品和营业时间。(索引号:M南洋20220126008)
2022年01月30日	马来西亚《星洲日报》发表文章《美食文化表演闹新春,游子回乡纷到"福建巷"》,报道位于马来西亚吉兰丹哥打峇鲁的"福建巷"成为当地华裔寻年味之地。据报道,吉兰丹福建会馆在新年前夕举办一连4天的夜市。该小巷除了集合各地美食,还有文化表演助兴,包括舞狮、挥春、电音表演等。另外,其他友族同胞也到该巷子的满天星灯笼和壁画打卡。(索引号:M星洲20220130003)
2022年02月06日	马来西亚《南洋商报》发表文章《游子可返乡拜天公,金猪订单比去年增40%》,报道了为迎接"拜天公"习俗,以福建人居多的巴生市金猪订单增长火爆。对大马福建人而言,拜天公大过年是很重要的,因此在筹备贡品方面更是需要大肆铺张。政府放宽限制,游子亲友得以返乡拜访,促使一般家庭对烧肉、金猪下的订单增加。此外,今年生猪价格增长逾10%,而金猪售价则维持旧价,这也是金猪订单火爆的原因之一。(索引号:M南洋20220206009)
2022年02月07日	马来西亚《诗华日报》发表文章《疫情无阻槟福建人拜天公,民众已开始采购祭品》,展现槟城福建人筹备传统节日天宫诞的盛况。拜天公的祭品包括天公金、发糕、五兽、牲口、茶酒、清素六斋、蜜饯、水果、素饼、面线、红鸡蛋及鲜花等,不同祭品被赋予了各自的内涵。此外,由

于疫情,今年槟城大型的天公诞庆典活动已取消。民众可在家拜天公,且必须遵守规定的 SOP。(索引号:M 诗华 20220207002)

2022 年 02 月 07 日　马来西亚《联合日报》发表文章《古晋福建公会 10 日敬老仪式》,报道了古晋福建公会于 02 月 10 日举行了简单但隆重的敬老仪式,以迎接壬寅年的到来。由于新冠肺炎疫情,福建公会取消了今年的新春联欢晚宴,取而代之的是在 02 月 10 日和 11 日分批为 465 位年龄 70 岁或以上的会员派发福袋,祝福他们身体健康、事事如意。最高龄的男会员是 95 岁的蔡国兴乡长,女会员则是 94 岁的李秀梅乡长,他们将获得由会长拿督黄良杰的母亲拿汀阿玛黄彭玉莲乡长赞助的大红包。(索引号:M 联合 20220207001)

2022 年 02 月 09 日　马来西亚《联合日报》刊登文章《华总改选所有候选人不战而胜,吴添泉将连任总会长》,报道了马来西亚中华大会(华总会)会长兼纳闽福建社团联合会总会长吴添泉督促大马福建人以"爱拼才会赢"的精神协助建设国家以及抗疫。他认为今年是壬寅虎年,配合虎年的勇猛和力量,再加上全民"要拼才会赢"的精神,必定能够战胜疫情,让国家各领域走出困境,实现复苏。他同时强调福建人是马来西亚华裔中最大的籍贯群体,在各领域发挥着积极作用,他也十分重视一年一度的天公诞,强调传统庆典应该获得发扬,促进多元文化融合,并强调传承福建方言的重要性。(索引号:M 联合 20220209002)

2022 年 02 月 09 日　马来西亚《南洋商报》发表文章《吴添泉:秉"要拼才会赢"精神,盼大马福建人助国家建设》,报道了华总会长兼沙巴及纳闽福建社团联合会总会长丹斯里吴添泉希望大马福建人继续协助建设国家,和全民共同克服疫情带来的各项挑战。他强调了传统庆典的重要性,表示福建方言需要被传承,认为福建人是马来西亚华裔中最大的籍贯群体,在各领域举足轻重。他还提到在过福建年时,福建人和其他籍贯者会在年初八午夜至年初九凌晨根据传统礼节拜祭天公,庇佑合家平安,欢庆天公诞。

（索引号：M 南洋 20220209010）

2022 年 02 月 10 日　马来西亚《南洋商报》发表文章《巴生福建会馆拜天公，祈求疫情尽快离去》，报道了马来西亚巴生福建会馆年初九拜天公祈求尽快赶走瘟疫。吴亚烈指出，拜天公是福建人的大日子，这可以让年轻一代很好地了解天公诞的意义，并保留福建人的传统习俗。此外，他也呼吁我国华人获得政府的公平对待。（索引号：M 南洋 20220210011）

2022 年 02 月 24 日　马来西亚《南洋商报》发表文章《敦陈祯禄华小庆元宵，各方言作为新春寄语》，报道了敦陈祯禄华文学校在线上举行的"壬寅金虎贺岁庆元宵"庆典活动。在这次庆典中，学校董事长、家教协会主席等人用不同方言送上新春祝福，包括虎虎生威、步步高升、身体健康、万事如意等。学生们也用各自的方言表达了新年祝福，其中就包括福建话。这次庆典不仅别开生面，传承了中华文化的优良传统，还强调了方言的传承和发扬。（索引号：M 南洋 20220224012）

2022 年 02 月 26 日　马来西亚《南洋商报》发表文章《林福山：发挥海外社团优势，福联会助力泉州招商》，报道了泉州市港澳台侨商及异地商会招商动员部署会，马来西亚福建社团联合会为大马分会场主办方。福联会总会长丹斯里林福山表示，马来西亚有能力成为泉州在海外的人才培训点以及智库建设点，随着中国和平崛起，海外社团将肩负更重大的任务和使命。这将促进马中两国在政治、经济、文化等各领域的全面合作，互惠互利，共同发展。（索引号：M 南洋 20220226013）

2022 年 03 月 26 日　马来西亚《星洲日报》发表文章《人气美食：闽南美食引客来，峇眼巴硕虾签销全国》，报道马来西亚霹雳州南部峇眼巴硕渔村的虾签。该报道指出，这个渔村的居民 200 年前从中国南来居住，福建人占大多数。而文中介绍的闽南美食虾签是渔家妇女的闽南传统烹饪法。由于世代以打鱼为生，当地人多以新鲜鱼虾作为美食。目前，当地渔家手工制作的土产虾签在全国各地销售，更在农历新年期间供不应求。该报道也通过图片和文字

	介绍虾签的制作过程。(索引号:M 星洲 20220326004)
2022年03月30日	马来西亚《南洋商报》发表文章《太平仁爱音乐社办春祭拜祭南音祖师》,报道了太平仁爱音乐社音乐戏剧组举办春祭活动,为南音祖师孟府郎君举行千秋圣诞拜祭仪式。活动中备有丰富的祭品,南音音乐组成员现场献唱南音名曲。社长拿督蔡海瑞介绍,南音锦曲发源地在福建泉州,至今已流传千年,富有历史价值。(索引号:M 南洋 20220330014)
2022年04月28日	马来西亚《诗华日报》发表文章《福建省南平市倡议与山打根缔结姐妹城市,潘明丰希望山打根市议会做好准备》,介绍了山打根当地政客潘明丰对福建南平市与沙巴山打根市结为姐妹城市的倡议表示欢迎。潘明丰表示,此举将促进山打根市的旅游业发展,市议会将深入研究中方所提议案。此外,潘明丰也督促市议会尽早解决目前山打根市存在的民生问题,为与南平市的合作做好准备。(索引号:M 诗华 20220428003)
2022年05月04日	马来西亚《东方日报》发表文章《福联会妇女组 08月07日办旗袍选美大赛》,报道在马来西亚福建社团联合会成立 65周年之际,妇女组将举办"大马福建旗袍优雅太太选美慈善大赛"。联合会总会长丹斯里林福山指出,该活动旨在发扬中华民族的旗袍文化,展现华人女性的美。(索引号:M 东方 20220504001)
2022年05月05日	马来西亚《南洋商报》发表文章《福联会庆 65 周年 08月办旗袍太太选美》,报道马来西亚福建社团联合会庆祝 65 周年庆,该会妇女组将主办"大马福建旗袍优雅太太选美慈善大赛"。比赛将邀请著名人士作为评审,并由马来西亚福建社团联合会名誉总会长兼妇女组顾问王顺和担任开幕人。福联会总会长丹斯里林福山指出,此次选美慈善大赛旨在推广健康文娱活动,传承中华民族旗袍文化,并展现女性的优雅仪态与自信。(索引号:M 南洋 20220505015)
2022年05月09日	马来西亚《联合日报》发表文章《张吉安编导,50%场景在槟拍摄,〈五月雪〉暂定明年 06月上映》,报道了由马

	来西亚导演张吉安编导、耗资约300万令吉的剧情长片《五月雪》。这部电影讲述了始于50年代，广州粤剧伶人携"普长春班"远渡南洋，扎根马来亚，通过戏班的兴衰、娘惹后裔的家族憾事以及拿督公的乡野传说，贯穿国家独立到风雨波荡，承载半个世纪的景况百味，构筑出本土华人的草根故事。张吉安导演于2022年01月开始在马来西亚槟城进行拍摄，并在新加坡及中国台湾进行电影后期制作。导演称，该电影展现了槟城福建话与娘惹文化，希望通过国际平台，向全世界介绍大马独有的风情文化。（索引号：M联合20220509003）
2022年05月11日	马来西亚《南洋商报》发表文章《去荷兰，从哪里来？》，介绍了马来西亚华人圈子中使用的俚语"去荷兰"，意指被人陷害、运气不济、计划受挫、消息失准甚至去死等。关于这个俚语的起源，有两种说法，一种是来自福建话中"给人"的谐音，"荷兰"原为福建话中粗俗的说法，后来被用于委婉地表达被人错误指导导致遭遇困境的意思；另一种说法是来自广东话中对棺材的俚称"荷兰船"，将死亡戏称为"去坐荷兰船"，后来简化为"去荷兰"，意为"去死"。这个俚语在马来西亚华人社群中常被使用，类似的"荷兰"相关词汇还有很多。文章还提到了一些荷兰在马来西亚的历史。（索引号：M南洋20220511016）
2022年05月14日	马来西亚《南洋商报》发表文章《长途骑行能量站：芬多精下午茶》，介绍了一家位于马来西亚万津的有明椰花园餐厅。该餐厅提供美味的炸咸鸡、炸苏东和瓦煲咖喱鸡等料理，以及椰花酒和福建芋圆等小吃，让游客可以在长途骑行的途中休息，享受美食和树荫下的下午茶。（索引号：M南洋20220514017）
2022年05月15日	马来西亚《南洋商报》发表文章《巴生中学华语诗歌朗诵赛，中华华中包办2组别冠军》，报道了马来西亚巴生县中学华语诗歌朗诵比赛这一赛事与比赛成绩。巴生福建会馆副会长拿督吕志伟指出，马来西亚校园举办此类比赛，可以借此弘扬中华民族源远流长的文化。最后，文章公布了2022年巴生县中学华语诗歌朗诵比赛得奖

名单。(索引号:M 南洋 20220515018)

2022 年 05 月 19 日　马来西亚《星洲日报》发表文章《百年古庙广泽尊王威灵显赫,广福宫凤山寺香火鼎盛》,报道马来西亚马六甲的广福宫凤山寺。据报道,该庙香火秉承于福建南安县诗山镇凤山分炉,座主为广泽尊王,是一座建立于 1905 年的百年古庙。该庙主席称,虽然广泽尊王是南安人的守护神,但该庙没有籍贯之分,都受座主庇佑。该报道也通过文字介绍了广泽尊王的相关典故。(索引号:M 星洲 20220519004)

2022 年 05 月 20 日　马来西亚《星洲日报》发表文章《推会庆标志,提升归属感,福联会系列活动庆周年》,报道了马来西亚福建社团联合会 65 周年会庆系列活动。文章称,福联会适逢 65 周年会庆规划系列活动以表彰各领域福建同乡表现,生动地传承福建文化、语言及习俗,发扬旗袍文化等。另外,此系列活动将为"拉曼大学医学院基金"发动筹款,为此,福联会相关委员将进行全国巡回访问,促进筹款事宜。(索引号:M 星洲 20220520005)

2022 年 05 月 20 日　马来西亚《南洋商报》发表文章《办短视频赛、福建楷模奖等,福联会 9·24 宴庆 65 周年》,报道了马来西亚福建社团联合会将举办一系列活动来庆祝福联会 65 周年会庆,包括福建元素短视频创作比赛和福建楷模奖颁奖仪式。福联会青年团也将通过四轮驱动车队全马联谊之旅为拉曼大学医学院筹款。福联会总会长丹斯里林福山表示,福联会 65 周年会庆联欢晚宴将于 09 月 24 日在华总丹斯里杨忠礼大礼堂举行,并在当晚进行福建楷模奖的颁奖仪式,以表彰福建同乡在社会各领域的杰出表现。比赛开放各族参与,旨在推广福建文化,最佳作品将在 08 月公布。(索引号:M 南洋 20220520019)

2022 年 05 月 21 日　马来西亚《南洋商报》发表文章《无味精肉骨茶汤色清甜只因加了它……》,介绍了一家位于万津的小摊——明记阿东及其招牌菜炒菇肉和肉骨茶。文章提到,明记的第一代人卖的是肉骨茶和炒面类,第二代祖籍福建南安的阿东则开创了独一无二的炒菇肉,这道菜蕴藏了福建

人的饮食脉络。炒菇肉是街头巷尾平常可见的家常料理，但阿东做的却异常好吃。（索引号：M 南洋 20220521020）

2022 年 05 月 23 日　马来西亚《中国报》发表文章《时隔 2 年再办探访活动，马福总商会赴希望之谷送暖》，报道马来西亚福建总商会于双亲节之际到访双溪毛糯希望之谷探望该处院民和志工。该会总会长指出，此次活动目的是在疫情防控期间为不被社会遗忘的麻风病康复者送温暖。另外，福总商会主席也称，此行也是该会传承"老吾老以及人之老"传统美德的行动之一。（索引号：M 中国 20220523001）

2022 年 05 月 28 日　马来西亚《华侨日报》发表文章《稳定马币、减少粮食进口依赖，吴添泉鼓励华青投身农业、食品工业赚取外汇》，报道了沙闽福联会总会长吴添泉鼓励华人青年从事农业和食品工业来赚取外汇，减少对进口食品的依赖。他也希望青年们响应政府开放国门和放宽经济措施，依托自己所在的商会，开拓自身的人际网络和商业平台，到其他商会交流，传承福建人特有的文化与骄傲。（索引号：M 华侨 20220528001）

2022 年 05 月 28 日　马来西亚《中国报》发表文章《福联会 65 周年系列活动为优大医学院筹 100 万》，报道马来西亚福建社团联合会（福联会）为拉曼大学医学院筹款 100 万令吉之事。根据该报道，福联会通过举办 65 周年会庆系列活动为拉曼大学医学院筹款。活动包括四轮驱动车队全马联谊之旅、短视频比赛、旗袍之夜等。（索引号：M 中国 20220528002）

2022 年 05 月 29 日　马来西亚《中国报》发表文章《林福山：解决劳工短缺寻策抑通胀纾民压力》，报道马来西亚福建社团联合会（福联会）针对国内劳工短缺，为政府提出建议，以便有效控制物价，减轻通货膨胀对人民造成的压力。该会总会长称，马来西亚消费指数在防疫政策放宽后有所提升，加上乌俄战争导致许多国家面临通货膨胀，马币持续贬值。该会总会长在出席雪隆福州会馆第 57 届执委就职典礼致辞时表示希望政府积极关注国内的人力资源问题，尽快引入外劳投入市场，加速推动国家经济。（索引

号：M 中国 20220529003）

2022 年 05 月 29 日　　马来西亚《南洋商报》发表文章《盼募百万医学院基金，福联会车队为优大筹款》，报道了为拉曼大学医学院基金筹款的"福联会车队"开跑。车队从今天起陆续出发，巡回全国访问，与全国各地属会联谊交流，促进团结，同时也为拉曼大学医学院基金筹款。教育部副部长拿督马汉顺医生表示"诚信走天下"，这就是福建精神、福建精髓及福建力量。此外，配合 65 周年纪念，福联会还举办了一系列周年庆活动。（索引号：M 南洋 20220529021）

2022 年 05 月 29 日　　马来西亚《星洲日报》发表文章《传扬福建美食烹饪品尝会 10 月复办》，报道了沙巴州福建美食烹饪比赛及品尝会将于 10 月 24 日恢复实体举办。沙巴纳闽福建联合会会长于当日的福联会青年团及妇女组大会联合开幕仪式中宣布此消息。该会会长呼吁沙巴州妇女及青年团积极参与此活动以传承福建美食。此外，记载过去 10 年"全州福建美食烹饪比赛及品尝会"佳肴与食谱的《福建美食名满天下》纪念特刊，当晚正式推介。（索引号：M 星洲 20220529006）

2022 年 05 月 30 日　　马来西亚《星洲日报》发表文章《胡须佬偷吃福建面（下）》，报道了作者去吃马来西亚柔佛州福建面的心路历程。《星洲日报》通过"南北吃东西"栏目介绍各地美食。此报道介绍了柔佛州当地的福建面。作者在报道中通过本人出席晚宴后在路上寻找美食的故事，叙述寻获福建面的过程。作者指出，与周边其他美食相比，福建面属于该餐厅的镇店之宝。作者称，当晚享用的福建面虽不是色香味俱全，但依然有充饥的作用。（索引号：M 星洲 20220530007）

2022 年 05 月 30 日　　马来西亚《南洋商报》发表文章《福联会四驱车队联谊之旅抵巴生，为优大医学院建筹 10 万》，报道了马来西亚巴生福建会馆捐献 6.5 万令吉给拉曼大学医学院基金。大马福联会副总会长暨筹委会主席拿督郑源炳呼吁福建乡亲共襄盛举，他指出马来西亚福联会 65 周年蓝宝石禧大庆，是全马福建人的盛事。大庆将举办一系列活动,包括 65 周年晚宴、四驱车队全马联谊之旅、福建楷模奖、高尔夫球慈善比赛、福建抖音短视频比赛和旗袍之夜。(索引号:M 南洋 20220530022)

2022 年 05 月 31 日	马来西亚《星洲日报》发表文章《福联四轮驱车队抵适耕庄,助拉曼医学院筹获 1 万令吉》,报道马来西亚福建联合会配合 65 周年庆,举行的四轮驱动车队全马联谊之旅适耕庄站的相关内容。福联会在此次行程中与当地理事进行交流,同时了解该会馆南音文化的精髓及观赏南音演出。本次行程为拉曼大学医学院建设基金筹获了 1 万令吉。此外,福联会也将举办蓝宝石禧大庆系列活动。另外,福联会将借此举办福建楷模奖,让群众了解福建楷模人物的奋斗历史。(索引号:M 星洲 20220531008)
2022 年 05 月 31 日	马来西亚《中国报》发表文章《吴添泉:华总支持董教总立场,冀收回查华小爪夷文》,报道马来西亚中华大会堂总会(华总)会长吴添泉就华小爪夷文课题所持的反对立场。该会会长同时担任沙巴纳闽福联会总会长,他于沙闽福联会"福联之夜"致辞中发表反对立场。他指出,在穆斯林占比相对多的华文小学马来文科推行介绍爪夷字,将对华文小学本质与特征不利。为此,他希望教育部停止展开问卷调查并对教育措施和内容进行全面检讨。(索引号:M 中国 20220531004)
2022 年 06 月 01 日	马来西亚《南洋商报》发表文章《福联会四轮驱动车队访鱼米之乡适耕庄交流》,报道了马来西亚福建社团联合会"四轮驱动车队全马联谊之旅",莅临鱼米之乡适耕庄。在福联会的 65 周年"蓝宝石禧大庆"之际,福联会将举办一系列涵盖各年龄层、各领域和各族群的活动,希望让全马福建乡亲参与其盛,也希望让更多友族同胞认识华裔里的福建族群。(索引号:M 南洋 20220601023)
2022 年 06 月 02 日	马来西亚《星洲日报》发表文章《241 年历史香火鼎盛,保安宫发扬济世精神》,报道具有 241 年历史的马六甲保安宫。该报道指出保安宫由福建漳州人创建,并供奉了河南及客家神明。负责人还成立了互助部以照顾会员

福利,其中包括举办筹款活动以援助贫困家庭。除此之外,保安宫也建设了历史走廊,以便到访游客能了解该神庙历史及膜拜意义等。自2017年,"乞龟"也成为保安宫一大特色,于农历正月十五日天宫赐福时,直接送给祈求的信众。保安宫主席指出,疫情前,该庙理事曾前往中国福建祖庙交流,并计划青祖庙三坪祖师金身到马六甲。(索引号:M星洲20220602009)

2022年06月02日　马来西亚《中国报》发表文章《8人被控非法集会无罪释放,邱财加:正义获伸张》,报道彭亨8位华文小学工委会理事被控非法集资,无罪释放事件。此前,8位华文小学工委会理事因在当地双溪仁华文小学悬挂横幅,反对爪夷字单元纳入华文小学课程而被控非法集会。该报道称,马来西亚福建总商会主席及20名理事于06月02日到场支持被控人员。该会主席称,马来西亚福建商会是唯一到场支持的非文教团体。此外,该会也因一直秉持正义至上的精神而到场支持该会主席。(索引号:M中国20220602005)

2022年06月07日　马来西亚《南洋商报》发表文章《郑富兴:2023年华团农历新年庆典,峇株巴辖福建会馆主导》,报道了2023年华人团体农历新年庆典将由峇株巴辖福建会馆主导,工委会将于下个07月中成立,并开始策划活动项目。由于疫情尚未完全结束,明年的农历新年庆典活动范围将缩小,工委会将通过不一样的形式,如互联网竞赛活动,来吸引民众参与。峇株巴辖华人团体联合会会长郑富兴表示,他希望各乡团、社团、商家及热心人士踊跃协助,从各自组织中提供充足的人力资源,推荐热爱中华文化的人才加入工委会,以便让庆典圆满举行。(索引号:M南洋20220607024)

2022年06月17日　马来西亚《中国报》发表文章《林福山促闽籍会馆加入,让福联会发出更大声音》,报道马来西亚福建社团联合会总会长促请闽籍会馆加入福联会。根据报道,福联会总会长促请闽籍会馆加入福联会以发出更大声音。他指出,闽籍会的加入能让福联会在与政党领袖见面时,

	更有效发声及反映马来西亚华人社会福建人面对的问题。另外,福联会会长在四轮驱动车队全马联谊之旅森美兰站中提到,福联会将做出调整,并建议各属会成立企业家协会,以吸引更多年轻人加入并壮大会馆。(索引号:M中国20220617006)
2022年06月27日	马来西亚的《光华日报》发表文章《福联青07月办"福建元素短视频创作比赛"》,报道为了通过时下流行的短视频宣扬福建文化,马来西亚福建社团联合会青年团将在福联会65周年庆之际,举办"福建元素短视频比赛"。本次比赛是为了促进福建文化传承发扬和跨文化交流,让更多的年轻人参与进来。据报道,该大赛创作视频只接受福建话(包括闽南话、福州话、莆田话、永定客家话、龙岩话等)。此外,还介绍了一些参赛细则。(索引号:M光华20220627002)
2022年06月27日	马来西亚《中国报》发表文章《折扣50%!著名贯肠秘方降至150万求售》,报道新加坡"中国街五香贯肠"业主售卖秘方的价格下调。根据报道,"中国街五香贯肠"自1942年开始售卖,至今已有80年历史,目前由第二代传人经营。由于业主目前已处于退休年龄,身体状态欠佳,因此决定售卖秘方,并教购买者经营生意。因疫情暴发,餐饮业投资者搁置了购买秘方的决定,以至于业主难寻接班人。业主为此将售卖价格降低至150万元。该业主称,本地制作福建五香贯肠的业主只有三家,因此希望找到接班人传承配方。(索引号:M中国20220627007)
2022年07月03日	马来西亚《星洲日报》发表文章《瑾记福建美食遇上广东文化:蚝干芋头饭老火猪杂汤完美搭配》,通过"食客指路"介绍蚝干芋头饭。该文章报道位于马来西亚柔佛新居銮龙城茶餐室的福建传统美食蚝干芋头饭及猪杂汤。该业主表示由于福建靠海,容易取得蚝干,因此蚝干芋头饭成为当地人的家常美食。此芋头饭的制作方式从业主太公辈流传至今,已有将近百年历史。该业主称她的太公当年从福建南下马来西亚后,保留了食用蚝干芋头饭的习惯。该报道也通过文字和图片介绍了蚝干芋

头饭的制作方式。（索引号：M星洲20220703010）

2022年07月07日　马来西亚《星洲日报》发表文章《香火承接福建南安市美林镇，三宝桥唯一供奉万公万妈》，报道马来西亚马六甲唯一供奉万公万妈的神庙。据报道，"万公万妈"发源于中国福建省南安市美林镇，而位于马六甲三宝桥的香火就承接自该镇。该庙当年从南安市美林镇万公万妈宫接引香火到马六甲，先在瓜拉双溪峇汝住家供奉。后来，搬迁至江沙建庙开坛办事，再于1990年搬到峇株安南美嘉镇现址。目前，该庙的座主是玄天上帝，但也因为万公万妈协助办事而闻名。该报道通过文字和图片介绍了该庙的相关历史和缘由。另外，该庙主席称，他们除了平时开坛办事，也在新年期间举办活动以帮助弱势群体。（索引号：M星洲20220707011）

2022年07月08日　马来西亚《星洲日报》发表文章《花城食光节庆不能少"朴丸"：福建人爱吃》，通过"花城美食"栏目介绍福建美食"朴丸"，即福建炸肉丸。据报道，"朴丸"普遍出现于福建人的重要节日中，包括家庭团圆、节庆、拜祭祖先，甚至丧事。《星洲日报》邀请马来西亚森美兰福建会馆妇女组康乐组主任亲自教学煮出"朴丸"。据报道，"朴丸"象征了福建人对团圆的冀望，喜事和节庆少不了它，若家里有高龄的福建人过世，在丧事上也能见到"朴丸"被供作拜祭，寓意子孙满堂。该报道也通过图片及文字报道了"朴丸"的制作方式。（索引号：M星洲20220708012）

2022年07月10日　马来西亚的《光华日报》发表文章《常年办福建话演讲比赛，陈坤海：维护传承历史文化》，报道了槟州华人大会堂主席丹斯里陈坤海希望通过常年办福建话演讲比赛来维护传承福建文化，避免这种语言被淘汰。他指出，福建话是槟城华人主要方言之一，需要大家的维护与传承。举办比赛的核心目标是唤醒槟城人对槟城福建话逐年式微的警觉性，避免槟城福建话的没落和衰败，并且希望能够带动国内其他组织及乡团，共同推动大马华人继续讲方言的风气。报道最后列出了福建话演讲比赛的荣誉榜。（索引号：M光华20220710001）

2022年07月28日	马来西亚《星洲日报》发表文章《新山福建会馆95周年庆,09月11日办"福建好团圆"》,报道了马来西亚柔佛州新山福建会馆95周年纪念联欢晚宴。该报道称,新山福建会馆因即将迎来95周年会庆而举办系列欢庆活动。为此,该会也将于09月11日举办纪念联欢晚宴。该会会长在新闻发布会中指出,举办系列活动旨在传承中华文化,并吸引年轻一辈加入该会,认识祖籍和传统文化。此外,筹委会主席称,为配合会庆,该会已于03月至06月举办线上福建籍贯美食教学活动、慈善晚宴等。(索引号:M星洲20220728013)
2022年08月15日	马来西亚《东方日报》刊登文章《人情巴生社区工程联手巴生福建会馆,推出月饼礼盒发扬巴生老字号》,报道了"人情巴生"社区工程联手巴生福建会馆推出月饼礼盒,共同发扬巴生老字号。雪州行政议员拿督邓章钦指出为了延续巴生味生活节、客家文化节与潮人文化节,"人情巴生"社区工程还与巴生福建会馆联办"巴生闽南文化节",届时将有50档闽南美食及文创摊位。(索引号:M东方20220815002)

后 记

漫步在新加坡的牛车水、槟城的乔治市、吉隆坡的茨厂街、古晋的亚答街，以及亚庇的加雅街，你仿佛踏上了一段活生生的华人"下南洋"迁徙之旅。这些地方不仅充满了历史的痕迹，更是传承和弘扬中华文化信念的现代文化圣地。在这里，历史的长廊延伸至今，塑造着新马华裔文化的独特身份认同。牛车水热闹繁华，是新加坡最具华人传统氛围的区域之一，那里高耸的南洋骑楼宛如时光隧道，将你带回历史的长河中。传统手工艺店铺里琳琅满目，品牌化的传统美食让人垂涎欲滴，古老手艺的传承令人惊叹不已。乔治市，作为槟城的历史心脏，世界文化遗产的建筑群在这里得以完好保存。斑驳的老房子与新修的店铺交相辉映，古老的街巷勾勒出槟城的古朴画卷。鳞次栉比的店铺让人目不暇接，历史的厚重与现代的热情在这里交汇。吉隆坡的茨厂街，融合了中国南方与西方设计的独特建筑风格。传统手工艺店、服装店和餐馆比目皆是，阵阵美食香气扑鼻而来。这里也经常举办各种传统文化活动，让人近距离感受中华文化的魅力。古晋的亚答街、亚庇的加雅街，同样承载着丰富的历史与文化底蕴。虽然两地的南洋骑楼不如大城市那般宏伟，但别具一格，更具人情味。街头巷尾的传统手工艺店铺让人领略到古老手艺的魅力，也见证了这片土地的沧桑历史。这些标志性的地方让福建民俗在新马地区得以传承和发扬光大。独特的建筑、传统手工艺店铺，以及丰富多彩的节庆活动，成为这片土地上独具价值的文化遗产。而更为重要的是它们融入了日常生活，使人们在现代都市中也能感受到传统文化的魅力。这里始终是福建文化在新马地区的生动见证，也是福建软实力在新马地区持久影响的真正体现。

华人历史博物馆在新马地区扮演着重要的角色，它们致力于收藏、保护和展示与华人社群相关的历史文物、资料和文化遗产。新马地区近年来出现了一些知名的华人历史博物馆，成了旅游新地标，更成为生活在这里的人了解华人历史、文化、贡献与成果的互动空间。其中新加坡华人文化博物馆（Singapore Chinese Cultural Centre）位于新加坡市中心，是一个致力于推广中华文化和传统的文化中心，馆内收藏了大量与华人移民历史、传统文化等相关的展品和资料，通过展览和教育活动向公众传递中华文化的精髓。新加坡华侨历史博物馆（Sun Yat Sen Nanyang Memorial Hall），位于新加坡的马里士他历史区（Joseph Balestier），是为了纪念孙中山先生建立的，这里展示了他的生平事迹，同时介绍了华侨在新加坡的历史和贡献。位于吉隆坡的马来西亚国家博物馆（National Museum Malaysia）是马来西亚最大的博物馆之一，虽然它不是专门以华人历史为主题，但它涵盖马来西亚多元文化的各个方面，也包括华人社群的历史和文化。还有槟城华人博物馆（Pinang Peranakan Mansion），这是一座展示海峡华人，特别是峇峇娘惹文化的博物馆，它通过丰富的陈列品和展览，展示了华人社群在槟城的历史和文化。另外，位于古晋的砂拉越华人博物馆（Chinese History Museum Sarawak）则专注于展示当地华人社群的历史和文化。这些博物馆不仅对华人社群历史进行了深入介绍，也为公众提供了一个了解和欣赏多元文化的机会，为新马地区的文化交流和传承做出了积极的贡献。

当踏入新马华文报的报社内部，我被这群身在海外的华人投身华文报业的专业素养和满腔热情深深打动。他们分享了自己眼下面临的各种困境，我也感到一种惋惜与遗憾之情。这些困境成为他们坚持与努力的动力，让人不禁被他们的奋斗精神折服。为了适应时代的发展，给读者提供更便捷的获取新闻的途径，新马两地的华文报都已较为全面地实现电子化、网络化。随着短视频媒体及网络直播平台的流行，一些报社也尝试将业务范围与形式进行延伸，以保持与新一代受众的紧密联系。一些新马华文报积极响应这一变革潮流，纷纷在短视频媒体和网络直播平台上开设账号。尽管一些报刊进入网络直播平台后，引发了同行的消极评价，但是这些华文报在当地的品牌价值是不可估量的。

本书从新马两地与中国福建省的历史渊源到华文新闻出版史，再到对华文报刊的介绍以及与福建软实力相关的新闻报道，深入探讨了新加坡与马来西亚华文新闻出版同福建软实力之间的关联影响。

在新马两地的华文新闻出版历史中，我们看到了福建省与南洋地区的紧密联系，这种联系早已在历史的长河中扎根生长。同时，华裔群体在新马的文化身份也在不断演变与深化，成为两国社会多元文化的重要组成部分。华文出版的历程不仅仅是一段文字的传播，更是文化的传承与传播，这其中蕴含着

后　记

丰富的意义与影响,塑造了华文媒体在新马两国社会中的重要地位。

新马两地的华文报刊在传播福建软实力方面发挥着重要作用。通过深入剖析相关报道,我们看到了福建文化在南洋地区的传承与弘扬,以及福建人在当地社会建设中做出的突出贡献。同时,福建省与南洋地区的交流与合作也得到了积极的报道,凸显了双方在经济、文化等领域的互利关系。在对福建软实力报道的主题进行分析后,我们更加清晰地认识到新加坡与马来西亚华文报对福建软实力的关注点。从中华文化传承到同乡团队的建设与发展,这些主题不仅展示了福建人的努力与贡献,也突显了福建文化在新马两地的持续传承与发展。

综上所述,本书不仅为我们介绍了新加坡与马来西亚华文新闻出版同福建软实力的各种关联,也为我们更好地理解福建软实力在国际传播中的重要性奠定了坚实基础。我们期待着未来能够进一步探索这一领域,为文化交流与合作搭建更加坚实的桥梁。